Marion Kortsteger · Sagen
Münsterland

Die schönsten Sagen
aus dem Münsterland

ausgewählt und erzählt
von Marion Kortsteger

Scherenschnitte
Veronica Felgentreu

Prolibris Verlag

Originalausgabe. 1. Auflage 2002
© Prolibris Verlag Rolf Wagner, Kassel
Tel 0561/602 70 71, Fax 0561/6 66 45
www.prolibris-verlag.de

Alle Bilder: Veronica Felgentreu
Druck: Thiele & Schwarz, Kassel
ISBN: 3-935263-12-0

Inhalt

Die Sagenroute

Die Zahlen unter den Ortsnamen verweisen
auf die Seitenzahlen der Sagen in diesem Buch.

Bad Bentheim
65

Bentlage
58

Rheine

Riesenbeck
51

Gronau
71

Emsdetten
44

Alstätte
77

Schöppingen
38

Ahaus

Schapdetten
28

Münster
13, 19, 22

Warendorf

Coesfeld
33

Freckenhorst
150

Borken
89

Gemen
94

Dülmen
115

Davensberg
127

Ahlen
137

Bocholt
83

Raesfeld
101

Haltern
109

Lüdinghausen
120

Beckum
143

132

Hamm   **Heessen**

Vorwort

Der besondere Reiz der Sage liegt in ihrem wahren Kern, der ihr zu Grunde liegen soll. Sie erzählt von Erlebnissen, die sich so – oder doch so ähnlich – ereignet haben könnten, und von den Spuren, die sie hinterlassen haben und die zum Teil noch heute besichtigt und erkundet werden können. Im Gegensatz zum Märchen, das fast nie Ort und Zeit benennt, also im fiktiven Irgendwo spielt, gibt die Sage ihren Handlungsort an, nennt Gemarkungen und Gebäude und berichtet von realen (bekannten wie unbekannten) Persönlichkeiten der regionalen Geschichte. Dadurch stellt sich beim Leser, der die Region kennt, eine ganz andere Betroffenheit ein. Liest man von unheimlichen Geschehnissen, die im eigenen Lebensumfeld passiert sein sollen, erhöht das den Nervenkitzel. Der Lesegenuss und die Spannung steigen, wenn es dem Erzähler gelingt, den dokumentarischen Kern der Sage zu beleben.

Alle für diesen Band ausgewählten Sagen stammen aus dem *Münsterland*. Das bietet dem Leser aus dieser überschaubaren Region den Vorteil, die einzelne Sage sofort räumlich zuordnen zu können. Die Orte und Plätze, die hier erwähnt werden, sind weitgehend bekannt, das macht den Reiz dieser Sagen aus und fordert immer wieder zu gedanklichem Vergleich vom Beschriebenen aus alter Zeit mit dem heute noch Sichtbaren heraus.

Der vorliegende Band dieser Sagenreihe will keine dokumentarische Sagensammlung sein und erhebt auch keinen Anspruch auf Vollständigkeit. Im Gegenteil wurde hier bewusst ausgewählt – immer unter der Prämisse, den Sagen wieder ihren Unterhaltungswert zurückzugeben. Denn Sagen erzählte man sich in Spinnstuben, Wirtshäusern und im Kreis der Großfamilie, weil sie außergewöhnliche, meist unerklär-

9

liche Vorkommnisse beschrieben. Dabei wechselten von Erzähler zu Erzähler jeweils die Zutaten, wurde mehr oder weniger ausgeschmückt, nur der Kern der Sage – die unerhörte Begebenheit blieb konstant und wurde weiter tradiert.

Eingang in die Sagenliteratur fand aber meist nur die auf ihren extrem abgeschliffenen Kern reduzierte Sage, die damit leider zum puren Sammelobjekt und volkskundlichen Dokumentationsmaterial geriet. Und so haben Generationen von Lesern Sagensammlungen enttäuscht zugeklappt, weil sich kein Lesegenuss einstellte – die einzelne Sage endete oft schon nach wenigen Zeilen, bevor sich Spannung, Atmosphäre, Unterhaltung einstellen konnte.

Die Autorin Marion Kortsteger will den alten Sagen hier wieder ihre ursprüngliche Kraft zurückgeben. Sie beschränkt sich nicht auf die Auswahl, trägt nicht nur zusammen, sondern versetzt sich in die Tradition des Sagen-Erzählens, schmückt die Geschichten um den essenziellen, unangetasteten Kern herum weiter aus, wirft hier einen erklärenden Einschub ein, macht dort Zusammenhänge sichtbar.

Marion Kortsteger wendet sich mit diesem Buch an alle, die sich auf die Sagen einlassen wollen, weil sie in dieser Literaturform ein Stück regionaler Eigenart suchen, ebenso wie an die Leser, die hier einen Kontrast sehen zu unserer technisierten, aufgeklärten und bis in die letzten Winkel ausgeleuchteten Welt oder die sich einfach nur unterhalten lassen wollen. Auf angenehm beiläufige Weise erfährt der Leser einiges über seine Region, über alte Zeiten, Bräuche, Ängste und Rituale. Und alles passierte vor der Tür des Lesers! Er kann sich ohne Aufwand auf Spurensuche begeben und z. B. die unheimliche Atmosphäre in der Davert spüren, im Sternbusch hinter der Burg Gemen den Schimmelreiter in den Blättern rascheln hören, oder im mächtigen Dom zu Münster die Ängste der geistlichen Jungfer nachempfinden. Wenn er der Sagen-

route durchs Münsterland folgt, wird er die Region vielleicht unter einem ganz neuen Aspekt erleben.

Um das Buch auch zu einem praktischen Begleitbuch zu machen, wurden die Sagen topografisch entlang eines vorn im Buch skizzierten Sagenweges geordnet.

Illustriert wurde das Buch durch die junge Scherenschnitt-künstelerin Veronica Felgentreu, die alle Scherenschnitte dieses Buches eigens zu den entsprechenden Sagen angefertigt hat. Ihre Bilder sind nicht reine künstlerische Phantasiegebilde, sondern spiegeln meist den Ortsbezug der Sage durch erkennbare Ortsdarstellungen wider. Dabei entspricht der Scherenschnitt als Medium in idealer Weise der Sage. Genau wie sie teilt er die Welt in Schwarz und Weiß, reduziert die Darstellung auf wesentliche Linien und verrät nicht alles, lässt vieles im Dunkeln. Genau wie die Sage zum geistigen Ausmalen der Szene reizt, fordert der Scherenschnitt den Betrachter heraus, Details hinzuzudenken. Die Phantasie des Lesers wird durch diese Illustration nicht eingeschränkt, sondern beflügelt.

Rolf Wagner
Prolibris Verlag

Das geheimnisvolle Haus unter den Arkaden

In einem Hause auf dem Marktplatz der Stadt Münster diente einstmals eine Magd, die war von ganzem Herzen freundlich und arglos. Für jedermann hatte sie ein gutes Wort, nie versäumte sie, den Katzen ein Schälchen mit Milch hinzustellen, und gar niemals glaubte sie, jemand könne es bös mit ihr meinen.

Nun geschah es in einer Nacht, dass der Mond so hell in ihre Kammer schien, dass die Magd von dem Lichtschein erwachte. Blinzelnd richtete sie sich im Bett auf, betrachtete die Truhe unter dem Fenster und seufzend schlug sie die Bettdecke zurück. Es war Winter und der Steinboden eiskalt unter ihren nackten Füßen. Vor Kälte zitternd schlüpfte sie in ihre Kleider, verschnürte sie und verließ die Kammer, ohne die Vorhänge beiseite zu ziehen.

Sie betrat die Stube und auch diese war in fahles Licht getaucht. Nun bemerkte die Magd den Vollmond nicht, sondern glaubte, das erste Tageslicht kündigte sich bereits an. Für gewöhnlich schlief die Herrin etwas länger und rasch hüllte sich die Magd in ihren wollenen Umhang, um Kohlen für das Feuer zu holen. Die Herrin konnte nämlich recht zornig werden, wenn frühmorgens der Ofen in der Stube noch nicht brannte.

Also zog die Magd leise die Türe zu, um die Herrin nicht zu wecken, und huschte über den Marktplatz. Ihr Umhang war bereits fadenscheinig und so sehr sie auch die Arme um den Leib schlang, die Kälte kroch ihr doch bis in die Knochen. So beeilte sie sich denn umso mehr, um in das Haus unter den Arkaden zu kommen, von wo sie jeden Morgen die Kohlen holte. Hätte sie es nicht so eilig gehabt, wäre ihr bestimmt die Stille aufgefallen, und auch, dass ihr nicht eine einzige Menschenseele auf dem Weg begegnete.

An anderen Tagen klopfte die Magd dreimal an die hölzerne Türe des Hauses, damit man ihr öffnete, aber diesmal fand sie die Tür weit geöffnet.

„Wie merkwürdig", murmelte die Bedienstete, aber arglos wie sie war, betrat sie guter Dinge die Stube. Kerzenlicht brannte dort und es roch anders als gewöhnlich, und als sie sich verdutzt umschaute, da sah sie an dem Tisch mehrere Männer sitzen, die sie noch nie zuvor erblickt hatte. Sie trugen gerüschte, weiße Hemden und auf dem Kopfe große, gepuderte Perücken, wie sie schon lange nicht mehr in Mode waren. Die Männer spielten Karten und rauchten dabei starken Tobak aus langen Pfeifen, ja, waren sie schon ganz in Rauch gehüllt, so dass der Magd die Augen zu brennen begannen.

„Einen schönen, guten Morgen!", grüßte sie freundlich, aber die Männer waren so vertieft in ihr Kartenspiel, dass sie den Gruß nicht erwiderten. Sie aber füllte sich glühede Kohlen in ihren Eimer und war nicht sicher, ob die Kartenspieler sie überhaupt bemerkt hatten.

„Merkwürdig, diese Männer", dachte sie, während sie über den verlassenen Marktplatz lief. „Sicher sind es Reisende aus einem fernen Land ..."

Daheim angekommen schloss sie die Tür auf, bemerkte erleichtert, dass die Herrin noch immer schlief, und begann den Ofen anzuzünden. Aber heute war auch alles anders als sonst, denn so sehr sie sich bemühte, das Feuer wollte nicht brennen. Und da sah sie, dass die eben noch glühenden Kohlen nun kalt waren.

„Oh weh, hoffentlich erwacht die Herrin noch nicht!", sagte sie zu sich und warf sich erneut den Wollumhang über die Schultern. Ihre Pantoffeln klackerten auf dem Pflaster des Marktplatzes und völlig außer Atem erreichte sie das Haus unter den Arkaden. Zweimal war es bisher vorgekommen,

dass die Herrin morgens die Stube betreten hatte und das Feuer war nicht angezündet, und mit Schaudern erinnerte sie sich, wie heftig die Herrin sie geschlagen hatte.

Im Haus waren die Männer immer noch beim Spiel. Laut schlugen sie die Karten auf das Holz und die Kerzen flackerten dabei heftig. Ein wenig verlegen lächelte das Mädchen in die Runde. Der eine, der schon zuvor so zornig dreingeblickt hatte, hielt seine Karten in seinen weißen Fingerknöcheln. Seine gewaltige Hakennase lugte über den Rand der Spielkarten und seine dunklen Augen waren zu Schlitzen verengt.

„Was störst du unsere Ruh!", knurrte er. „Diesmal magst du noch Feuer nehmen! Kommst du aber zum drittenmal, so brechen wir dir den Hals!"

Hastig raffte die Magd die Kohlen in den Eimer. Ihr Herz klopfte ihr bis zum Halse, als sie über den Platz hetzte und endlich die eigene Haustür erreichte. Trotz der Eiseskälte stand ihr der Schweiß auf der Stirne, und in dem Moment, als sie mit der Hand darüber wischte, schlug die Kirchturmglocke eins.

„Oh, ich Dumme! Es ist ja mitten in der Nacht!", rief sie verwundert. Und da dämmerte ihr, dass es im Hause unter den Arkaden nicht mit rechten Dingen zugegangen war. Fröstelnd stellte sie den Eimer mit den Kohlen neben den Herd. Dann tappte sie in ihre Kammer, zog das Kleid aus und streckte sich wieder auf dem Bette aus.

Am Morgen glaubte die Bedienstete nun, dass sie wohl schlecht geträumt habe. Beim Gedanken an die Männer mit den gepuderten Perücken lief ihr ein Schauer über den Rücken und ganz versunken betrat sie die Stube. Und da stand noch der Eimer. Wie aber staunte sie, als sie sich hinabbeugte und sah, wie es funkelte und blitzte! Hatten sich die Kohlen doch in pures Gold verwandelt!

Aufgeregt schilderte sie ihrer Herrin, was sich bei Nacht zugetragen hatte, und gemeinsam gingen sie zu dem Haus unter den Arkaden. Es war verlassen, doch in der Stube hing noch der Rauch, und auf dem Tisch lagen ein paar vergilbte Spielkarten. Unter dem Tisch, bemerkte die Magd, hatten sich ein paar Dielenbretter gelöst, und als Magd und Herrin sich den Boden näher besahen, da wurde ihnen bewusst, dass es da vor Gold nur so glänzte. Rasch brachen sie die Bretter entzwei und holten einen gewaltigen Schatz ans Licht.

Von diesem Tage an war die Magd eine reiche Frau und brauchte nicht mehr länger zu dienen. Sie erwarb ein eigenes Haus, lebte ein glückliches Leben und blieb stets freundlich und bescheiden.

Die Hand aus dem Grabe

Einst lebten ein Mann und eine Frau in der Stadt Münster, die waren ehrlich und rechtschaffen und sorgten gut für ihre Kinder. Diese waren auch allesamt wohlgeraten, fromm und artig und stets darauf bedacht, Vater und Mutter zur Freude zu gereichen. Einzig das jüngste der Kinder, ein Junge, bereitete den Eltern Sorgen, war es doch schon von Kindesbeinen an aufmüpfig und widerwillig. Statt fleißig für die Schule zu lernen, da übte es sich lieber in dummen Streichen, die bald in der ganzen Nachbarschaft gefürchtet waren. Ja, und es kam vor, dass die Mutter um Hilfe bei der Hausarbeit bat und das Kind darüber so zornig wurde, dass es einen Topf mit Kartoffeln vom Herd stieß und davonrannte. Es quälte Tiere, schlug die anderen Kinder, und als der Junge heranwuchs, begann er auch zu stehlen und blieb oft tagelang dem Elternhaus fern, so dass Vater und Mutter vor Sorge fast umkamen.

Kein gutes Zureden half, und auch kein Schimpfen, und so wussten sich die Eltern keinen anderen Rat, als den Jungen mit Schlägen zu züchtigen. Doch auch das nützte wenig, lachte der Junge doch bloß und blieb uneinsichtig und boshaft. Und einmal geschah es, da vergaß er sich so sehr, dass er der Mutter die Zuchtrute aus der Hand riss und sie damit zurückschlug.

Da aber griff endlich das Schicksal ein, und es geschah, dass der Junge schwer erkrankte. Bleich und schwach hütete er das Bett, und der Arzt musste nach ihm sehen und ihm Medizin bringen. Da er aber trotz seiner Krankheit noch immer kein Einsehen kannte, die Arznei verweigerte und auch sonst jeden guten Rat in den Wind schlug, verstarb er bald darauf.

Und obwohl ein jeder sagte: „So ist es gut gekommen, hätte er ja schließlich doch am Galgen geendet", waren die Eltern doch untröstlich und vergossen am Grab viele Tränen.

Am Abend nach der Beerdigung aber, bemerkte der Totengräber, dass etwas Weißes aus dem Grabhügel herausragte, und als er sich darüber beugte, da erschrak er sehr, war es doch ein Finger des Jungen! Am nächsten Tag, als er nach dem Grabe sah, war schon die ganze rechte Hand aus der Erde gekrochen, die Hand, mit der er die Mutter geschlagen hatte. Rasch schüttete man ein paar Schaufeln Erde darüber und trat sie fest, doch nach ein paar Tagen war die Hand wieder da.

So ging es viele Wochen lang. Die Eltern ließen im Dom Messen lesen, um die Seele des Jungen noch zu retten, ja, beteten sie selbst zu jeder Stunde des Tages, und holten von überallher Rat ein, aber nichts half. Schließlich trennte man sogar die Hand vom Leichnam ab und beerdigte sie noch einmal, aber vergebens: Wieder und wieder wuchs die Hand aus der Erde.

In ihrer Verzweiflung legten die Eltern das Gelübde ab, die Hand an der Kirchenmauer in Stein abbilden zu lassen, als

Zeichen und zur Abschreckung für alle Kinder, die Ungehorsamkeit gegen die Eltern zeigten.

Nun waren die Eheleute alles andere als wohlhabend und es kostete sie vielerlei Entbehrungen, das Geld für den Steinmetzen aufzubringen. Aber da die beiden so gottesfürchtig und rechtschaffen waren, hatten viele Mitleid mit ihnen und halfen mit Münzen aus, so dass die Steinarbeit bezahlt werden konnte. Und kaum war der Steinmetz fertig, war der Spuk auch tatsächlich zu Ende. Die Hand wuchs nicht mehr aus dem Grab heraus.

Die Arbeit des Steinmetzen ist heute noch in Münster zu bewundern: an der Seite des Chores der Ludgerikirche, die der Ludgeristraße zugewandt ist, in der Fensternische zwischen dem Sockel und dem spätgotischen Fenster.

Der Spuk im Dom zu Münster

Vor langen Jahren lebte in der Stadt Münster eine alte geistliche Jungfer, die ein junges Mädchen aus der Verwandtschaft zu sich genommen hatte. Sie erzog es im Sinne des Herrn und in der Hoffnung, das Mädchen möge ebenfalls dem geistlichen Stande beitreten. Und obwohl es guten Herzens und überaus fromm war, so mochte es sich dazu nun doch nicht entschließen. So sehr die geistliche Jungfer ihr auch zuredete, stets lächelte das Mädchen und schüttelte doch den Kopf. „Nein, nein, bedrängt mich nicht!", bat es dann scheu.

Nun kam es, dass die geistliche Jungfer schwer erkrankte und das Bett nicht mehr verlassen konnte. Von Tag zu Tag wurde sie hinfälliger und vermochte nicht mehr, ihren geistlichen Aufgaben nachzukommen. Doch war es ein Glück, wie fleißig und geschickt das Mädchen bei seiner Handarbeit war. Nahezu ununterbrochen arbeitete es, um sie beide ernähren zu können. Dabei wurde es immer blasser und magerer. Und trotzdem schuftete es weiter, ohne dass es sich eine Verschnaufpause gegönnt hätte.

Eines Abends aber war es so erschöpft, dass es Mühe hatte, überhaupt den Faden einzufädeln. Wieder und wieder glitt ihm die Nadel aus den Fingern. Die Augen wollten ihm bald zufallen und es stach sich heftigst in den Finger. Das Blut quoll hervor und mit Tränen in den Augen beschloss das Mädchen, sich doch für ein paar Stunden zu Bette zu legen. Zur Fünf-Uhr-Messe würde es dann wieder erholt sein, sagte es sich, und fiel auch schon in einen tiefen Schlaf.

Als das Mädchen erwachte, sprang es sogleich auf.

„Tatsächlich, nun bin ich erholt und frisch!", sagte es zu sich, kleidete sich flink an und lief in die Kammer der geistlichen

Jungfer, um dieser ihre Medizin zu verabreichen. Sodann machte es sich auf den Weg zur Domkirche.

Auf den Straßen war es noch ganz dunkel, aber so war es ja immer, wenn es zur Winterszeit um fünf Uhr zur Messe ging. Noch niemals hatte es die frühe Messe versäumt. Der Wind pfiff um die Häuser herum, und das Mädchen wickelte den Schal enger um seinen Hals, während es über den Domplatz huschte. Trotz der Dunkelheit sah es die Türen der Domkirche weit geöffnet. Kaum aber betrat es die Kirche, fielen die schweren Türen laut krachend hinter ihm ins Schloss. Im selben Augenblick schlug die Domuhr, genau zwölf Mal. Das Glockenspiel, sonst eine liebliche Melodie, hallte durch die dunkle Kirche und das Mädchen begann zu schaudern. Die hölzernen Bänke waren allesamt leer, kein Mensch war zu sehen, und das Mädchen erkannte, dass es zu früh gekommen war. Eilig lief es zur Tür, und jeder seiner Schritte klang anmaßend laut in der Stille. Aber so sehr es auch an dem Griff zerrte und rüttelte, die Tür ließ sich nicht öffnen, auch nicht einen Spalt breit. Es lief zur nächsten Tür, aber auch diese fand es verschlossen, und die nächste und wiederum die nächste auch. Das Herz hämmerte ihm in der Brust. Ängstlich blickte es sich um und sah, dass es sich nun schon bei der ewigen Lampe vor dem Hochaltar befand. Das Licht schien ihm Mut zu geben und so beschloss es, sich auf einer der Kirchenbänke niederzulassen und die Zeit bis zum Gottesdienst mit beten zu verbringen. Es nahm also sein Gebetbuch aus der Tasche des Unterkleides und wollte gerade beginnen, da ließ es ein Klingeln an der Sakristeitür aufhorchen. Im nächsten Augenblick öffnete sich die Tür und ein Priester im Messgewand erschien. Bedächtig schritt er vor einen der Seitenaltäre.

„So habe ich mich doch nicht geirrt!", dachte das Mädchen freudig.

Aber es erschien kein Messdiener und auch sonst niemand. Das Mädchen spähte über die Schulter in den düsteren, leeren Kirchenraum, aber die Türen waren immer noch geschlossen.

Unruhig blickte auch der Priester umher. Dann ergriff er das Löschhorn, an dessen Ende ein Stückchen Wachslicht befestigt war, und näherte sich damit der ewigen Lampe, die Lichter auf dem Altar anzuzünden. Wie gebannt sah das Mädchen zu. Und da erschrak es. Glich das Gesicht des Priesters doch plötzlich einem Totenschädel! Ja, die ganze Gestalt schien unter dem Gewand nur ein Gerippe zu sein. Das Mädchen kauerte verschreckt auf seiner Kirchenbank. Die Kerzen auf dem Altar flackerten, aber noch immer erschien kein Messdiener. Und da wandte sich der Priester dem Mädchen zu. Mit der knochigen Hand umfasste er einen der Leuchter und kam ihm langsam entgegengeschlurft. Als er nun ganz nah vor ihm stand und sich herabbeugte, da sah das Mädchen, wie aus den leeren Augenhöhlen unablässig Tränen über die Wangen der Gestalt liefen.

„Sollte es doch ein Priester sein, der die Messe zu später Stunde zu lesen gelobt hatte?", überlegte es.

Und als er nun winkte, da erhob es sich, machte ein paar Schritte zum Altar hin und kniete davor nieder. Langsam und mit beruhigender Stimme flüsterte der Priester die für den Gottesdienst erforderlichen Litaneien. Und während das Mädchen sie Wort für Wort wiederholte, wurde es immer ruhiger. Es kehrte eine so tiefe Ruhe in seinem Herzen ein, dass ihm ganz wohl wurde.

Als sich die Messe dem Ende zuneigte, bemerkte es, wie sich die Priestergestalt nun abermals veränderte. Statt eines Knochengerippes glich sie nun einer Leiche. Das Fleisch wirkte schwammig, und ein merkwürdiger Geruch entströmte dem Gewand. Noch hörte die Veränderung aber nicht auf, und bald war dem Mädchen, als stünde ein Engel vor ihm. Dieser

hielt einen Palmenzweig in der Hand, segnete es und hauchte mit zarter Stimme: „Sis felix!" Darauf war das Wesen verschwunden.

Als die ersten Leute zur tatsächlichen Fünf-Uhr-Messe in den Dom strömten, fanden sie das Mädchen, ohnmächtig vor dem Altar liegend. Sie trugen es zur geistlichen Jungfer, wo es bald darauf wieder zur Besinnung kam. Aber es war nicht mehr dasselbe. Sein Gemüt hatte sich verändert, so sagten die Leute. Es widmete sich seiner Handarbeit wie eh und je, aber sprach dabei kein Wort und war in sich gekehrt. Und es dauerte nicht lange, da legte es nun doch die Gelübde des geistlichen Standes ab, sehr zur Freude der geistlichen Jungfer. Aber die Freude währte nicht lang, denn kein halbes Jahr war vergangen, da verstarb das Mädchen. Selig war es mit dem Segen des Herrn entschlafen.

Die Mersche Tilbeck

Zu einer Zeit, als das Münsterland noch eine wilde, urwüchsige Gegend war, gab es in der Nähe von Schapdetten ein Gasthaus, das hieß Adams Hoek.

Der Wirt war ein fülliger Mann mit einer durchdringenden, tiefen Stimme. Und wenn er lachte, dann klirrten die Krüge auf den Tischen und schallte sein Gelächter bis weit hinaus auf die Straße. Das Gasthaus hatte man ganz mit dunklen Eichendielen vertäfelt und es gab nur winzige Fenster, so dass es selbst zur frühen Nachmittagsstunde düster und das Licht funzelig war. Tische und Stühle standen eng beieinander, so eng, dass man kaum dazwischen durchkommen konnte. Und es erstaunte doch sehr, wie viele Leute dort Platz fanden.

Dieses Adams Hoek war weithin bekannt und berüchtigt wegen der wüsten Trinkgelage, die insbesondere an Samstagabenden stattfanden. An den niedrigen Tischen hockten dann seltsame Gestalten, die laut die Karten aufs Holz schlugen, und immer wieder kam es zu Streitigkeiten, bei denen nicht selten Messer gezückt wurden und der Wirt alle Hände voll zu tun hatte, die Hitzköpfe zu besänftigen oder aber vor die Türe zu werfen.

Landsknechte saßen mit rot glänzenden Gesichtern um den Herd herum, Zimmerleute, Küfer und Wagner standen am Tresen und erzählten einander die haarsträubendsten Geschichten.

Am Herdfeuer aber köchelte stets ein scharf riechendes Süppchen, in das der Wirt wieder und wieder Kräuter und Gewürze hineinwarf. Dann nahm er die Kelle und kostete laut schlürfend von dem brodelnden Gebräu, wischte sich mit dem Handrücken den Schaum vom Munde und grunzte zufrieden. Und ein jeder, der hungrig einkehrte, bekam einen Teller

davon vor die Nase gestellt, und alsbald brannte ihm die Kehle und er musste mit Bier und Selbstgebranntem nachlöschen.

An einem Abend, als das Bier in Strömen floss, der düstere Raum gänzlich von Rauchschwaden durchdrungen und der Gesang besonders laut war, saß an einem Tisch in der hintersten Ecke die Mersche Tilbeck. Sie lebte auf dem Hofe Schulze-Tilbeck und war eine beleibte Frau mit rundem Gesicht und kräftigen Händen, die gut zupacken konnten. Ein Netz roter Äderchen überzog ihre Wangen und ihr Kleid schien jedes Mal aus den Nähten zu platzen, wenn sie tief Luft holte und sich ihr gewaltiger Busen hob. Die Mersche war im Adams Hoek ein gern gesehener Gast, war sie nicht ärmlich und langte stets gut beim Biere zu, ohne dass sie jemals unfreundlich oder gar laut geworden wäre.

So hockte sie auch diesmal auf ihrem Stuhle, aß von der Suppe, trank von dem Bier und hörte schmunzelnd den Reden und Gesängen der anderen zu. Schließlich winkte sie dem Wirte, um ihre Zeche zu bezahlen.

„Na, Mersche, willst etwa schon gehen?", fragte der Wirt.

„Soll wohl schon spät genug für mich sein. Hab noch einen weiten Weg nach Hause", antwortete die Mersche und begann, in ihrem Beutel zu kramen.

Der Gastwirt stemmte die Hände in die Hüften und wartete ab, während sie suchte und suchte. Man hörte es laut im Beutel klimpern, und die Mersche schüttelte und schwenkte ihn hin und her.

„Dusend, dusend, kinen Deut!", murmelte sie missmutig.

Zwei Landsknechte, die zusammen mit einigen Herren vom Münsterschen Landtag eingekehrt waren und nun am Herd lehnten, unterbrachen ihre Unterhaltung und blickten zur Mersche hinüber. Die beiden waren tatsächlich finstere Gesellen, hatten vom Schnaps rote Nasen und ihre Augen glänzten fiebrig. Dem Jüngeren der beiden wuchs eine beachtliche Hakennase aus dem Gesicht, die ihn adlerähnlich und verschlagen aussehen ließ. Der Ältere jedoch wirkte noch weitaus fürchterlicher, entstellten doch rote, wulstige Narben seine Wangen und Stirn.

„Hab da was von dusend gehört", flüsterte der eine.

Der andere nickte, und seine Augen fingen an, noch mehr zu glänzen.

Scharf beobachteten sie die Mersche, die doch endlich fündig geworden war, dem Wirte das Geld entgegenhielt und sich schwerfällig und schnaufend von ihrem Stuhle erhob.

„Hast den prallen Beutel gesehen?", raunte der ältere der Landsknechte.

Dann steckten die beiden ihre Köpfe zusammen und tuschelten miteinander. Und während die Mersche das Gasthaus verließ, zahlten die beiden rasch und verdrückten sich still und ohne Aufhebens.

Drinnen lachten und johlten die Gäste und aus den kleinen Fenstern fiel milchiges Licht auf den Weg. Sonst war es längst

dunkel. Aus den feuchten Wiesen stieg Nebel auf und die Mersche war nur noch als Schatten in der Ferne zu erkennen.

Die beiden Landsknechte beeilten sich, und lautlos huschten sie über die Gräser, immer im Schutze der hohen Sträucher, die den Weg säumten.

Die Mersche kannte den Heimweg auch in finsterster Nacht, ging sie doch oft an der alten Landwehr entlang. Und kräftig wie sie war, kannte sie keine Angst. Und so schlug sie auch diesmal den Pfad durch den Wald ein, nicht ahnend, dass ihr jemand folgte.

Die Bäume standen dicht zusammen, Efeu klomm an den dicken Stämmen hinauf und überall wuchsen Polster aus Moos, die die Schritte der Mersche dämpften. Sie hatte bereits eine gute Strecke des Weges zurückgelegt, als sie mit einem Male ein leises Wimmern hörte. Lauschend hielt sie inne und blickte sich um. Noch einmal erklang das Wimmern, und es schien ihr, als läge dort im Unterholz ein verwundetes Rehkitz.

Es waren aber die beiden Landsknechte, die sich das Moos zunutze gemacht hatten, und die leisen Schrittes an der Mersche vorbeigeeilt waren. Bereit zu finsteren Taten lauerten sie im Dickicht und ahmten den jammervollen Tierlaut nach.

Während die Mersche entschlossen die Zweige auseinander schob und sich anschickte, ins Gebüsch zu spähen, schlichen die beiden um sie herum. Und im nächsten Augenblick, packten sie sie von hinten und warfen sie zu Boden.

Die Mersche stieß einen schrillen Schrei aus und schlug mit Armen und Beinen um sich, war sie doch eine robuste Frau, die sich zu wehren wusste.

Die beiden Landsknechte umklammerten sie, ja, es kauerte sich der eine auf ihren Rücken, hielt Arme und Beine fest, und der andere versuchte, nach dem Beutel zu tasten. Aber die Mersche war stark und so gelang es ihr, die Kerle abzuschütteln und sich umzudrehen.

„Burschen, was wollt ihr von mir?", rief sie und funkelte die beiden zornig an.

„Was fragt Ihr? Euer Geld! So rückt es heraus!", sprachen die Landsknechte.

„Pah! Geld!", schrie die Mersche verächtlich und spuckte auf den Boden. „Von mir bekommt ihr keinen einzigen Gulden! Trollt euch, ihr Armseligen!" Damit wollte sie sich aufmachen und an den beiden vorbeistapfen.

Die Landsknechte aber blickten sich an, nickten einander zu und plötzlich hielt jeder einen groben Stein in der Hand.

„Willst es ja nicht anders!", sagte der Jüngere, als er weit mit dem Arm ausholte.

Wieder und wieder schlugen sie zu, und bald schwanden der tapferen Frau die Kräfte, sie sank blutend ins Moos und starb auf der Stelle.

Die beiden Burschen aber suchten im Kleide nach dem prall gefüllten Beutel. Ja, da fanden sie ihn, und ungeduldig rissen sie an dem Stoff. Aber anstelle von Münzen waren im Beutel bloß Schuhnägel, die hatten so laut geklirrt!

Die Mörder wurden gefasst und vor dem Femgericht in Laerbrock zum Tode am Galgen verurteilt. Der Galgen steht nicht mehr, wohl aber wurde an der Stelle, an der einst der Mord geschah, ein Kreuz errichtet. Dieses moosbefleckte Kreuz mit seiner Inschrift erinnert heute noch an die grausige Tat. Man findet es auf dem Weg vom Stift Tilbeck in Richtung Schapdetten, unter alten Bäumen am Waldrand.

Das Coesfelder Wunderkreuz

Weithin im Münsterlande bekannt ist das Coesfelder Kreuz. Noch heute kann man es bewundern, wie es eindrucksvoll über dem Hochaltar der Lambertikirche thront. Es war allerdings nicht immer so hoch geschätzt. Als nämlich die Hessen das Regiment in Coesfeld führten, da wollten sie das Kreuz verbrennen. War es ihnen doch ein Dorn im Auge, wie sehr die gottesfürchtigen Coesfelder ihr Kreuz anbeteten. Und also stürmten die Hessen eines Abends in die Kirche, nahmen das Kreuz an sich und trugen es zum Marktplatz. Dort, vor den Augen der Bürger, errichteten sie einen großen Holzstoß.

Die Coesfelder versuchten mit bitten und flehen zu erreichen, dass das Kreuz verschont bliebe, aber die Belagerer lachten nur höhnisch und entzündeten das Feuer. Während sich Männer und Frauen auf die Knie fallen ließen und inbrünstig zum Herrn beteten, prasselten schon die Flammen und schlugen hoch in den abendlichen Himmel, und die Hessen warfen das Kreuz mitten ins Feuer hinein.

„Seht, was aus eurem Heiligtum wird! Nichts als ein Häufchen Asche!", spotteten sie.

Die Flammen leckten an dem Kreuz, umzüngelten es und bald war nichts mehr von ihm zu sehen. Und als das Feuer nun herabbrannte, stiegen die feindlichen Belagerer auf ihre Pferde und ritten zu ihrem Lager.

Aber die Coesfelder hörten nicht auf zu beten. Erst als die Flammen fast erloschen waren, erhoben sich die Ersten und schickten sich an, den Heimweg anzutreten. Die Nacht war bereits hereingebrochen und in der Dunkelheit glimmten noch ein paar Fünkchen am Boden. Aber was war das? Inmitten all der Asche, da lag das Kreuz! Zwar war es ganz schwarz geworden, aber es hatte ansonsten keinerlei Schaden erlitten.

Die Coesfelder trauten ihren Augen kaum. Sie bekreuzigten sich und blickten sich ängstlich um, ob nicht einer der Feinde in der Nähe wäre, aber die Hessen schienen fort zu sein. Ein paar beherzte Burschen nahmen das Kreuz auf, legten es sich auf die Schultern und schleppten es eilig über den Marktplatz. Im Schatten der Mauern trugen sie es durch den Ort, immer wieder kurz innehaltend, ob nicht das Hufgeklapper der feindlichen Reiter zu vernehmen wäre. Aber sie hatten Glück: Unbehelligt erreichten sie das Bauernhaus, in dem der eine von ihnen mit seiner Familie lebte, und dort im Stall, mitten unter Kühen und Ziegen, versteckten sie das Kreuz.

Es dauerte nicht lang, da wurde in der Nachbarschaft ein Bauernhaus überfallen und in Brand gesetzt, und der Bauer bekam es mit der Angst zu tun, fürchtete er doch um das Kreuz. Und so brachte man es eines Nachts in das Wirtshaus an der großen Viehstraße, damit es sicherer wäre. Viele Jahre lang blieb es dort verborgen, die Hessen waren längst abgezogen, und bald erinnerte sich niemand mehr an das Kreuz. Ja, es kannten einige wohl die Geschichte vom Hörensagen, aber keiner wusste zu berichten, ob es sich wirklich so zugetragen hatte.

Eines Abends, als die Magd im Hause Heu für das Vieh abwerfen wollte, blickte sie einmal von ihrer Arbeit auf und sah hoch oben über dem Heuboden einen Lichtschein. Es war ein milchiges Licht wie von Nebel, und es schien vor ihren Augen zu schweben und zu tanzen. Die Magd dachte sogleich an Geistererscheinungen und es schauderte sie, aber neugierig wie sie war, wollte sie doch der Sache nachgehen. Also kletterte sie die hölzerne Leiter hoch und kroch auf allen vieren über das Heu. Als der Lichtschein genau über ihr war, da fühlte sie eine wohlige Wärme über ihren Rücken laufen und sich über den ganzen Körper ausbreiten. Aufseufzend streckte sie sich aus, und plötzlich spürte sie unter den Fingern etwas

Warmes, Festes. Und sie begann, im Heu zu graben, wo sie das Kreuz fand. Behutsam strich sie mit den Händen darüber, entfernte sorgfältig jeden noch so kleinen Grashalm, und stellte das Heiligtum auf dem Heuboden auf.

Von da an nahm das Heu nicht mehr ab.

Die Geschichte sprach sich rasch herum, und die Coesfelder drängten darauf, das Kreuz in die Jakobikirche zu bringen, auf dass es der Stadt Segen und Wohlergehen brächte.

Als nun die Bürger mit dem Kreuz durch die Straßen zogen, da fingen die Lambertiglocken von selbst an zu läuten, und es geschah, dass sich das Kreuz nicht mehr von der Stelle bewegen ließ. Ja, war es auf einmal so schwer geworden, dass selbst zehn Männer es nicht forttragen konnten. So sehr sie sich auch abmühten, es war wie verwurzelt. Da kam einer auf die Idee, es umzudrehen und siehe da, nun ließ es sich wieder transportieren.

Noch heute tragen die Männer das Kreuz bei der Großen Prozession mit dem Gesicht den Nachfolgenden zugewandt.

Ferner wird von diesem Kreuz berichtet, dass es Anfang des vorigen Jahrhunderts vom Altar hinabgestiegen und in der Kirche umhergegangen sei, wohl aus dem Grunde, weil es die Coesfelder nicht mehr genügend verehrt hatten. Einem Geistlichen aus Borghorst gelang es aber, das Kreuz zu beschwichtigen, und da kehrte es auf seinen Platz zurück, wo es noch heute steht.

Das nächtliche Tanzfest zu Schöppingen

Vor langer Zeit lebte in Schöppingen ein Pastor namens Haltern zu Schöppingen. Dieser hatte eine besondere Schwäche und war dafür weithin bekannt, liebte er nämlich das Feiern an sich und den Wein und die Musik ganz besonders. Und da er stets lustige Anekdoten zu berichten wusste und auch sonst für jeden Spaß zu haben war, sah man ihn überall gern.

Eines Tages lud man ihn zu einem Fest im adeligen Hause Wersche. Nun waren es von dort aus gute anderthalb Stunden Fußmarsch zurück nach Schöppingen. Weil aber das Mahl so üppig und köstlich und auch der Wein wohl schmeckte, da hatte der Pastor ganz die Zeit vergessen. Überrascht bemerkte er mit einem Male, wie spät es geworden war. Die Sonne war längst untergegangen und ein wenig schwerfällig machte sich der Pastor auf, hatte er doch gut gespeist und auch dem Wein nicht wenig zugesprochen. Zuviel getrunken hatte er aber lange noch nicht, wie auch die übrigen Gäste wohl bestätigen konnten.

Zum Glück war es eine milde Sommernacht und der Heimweg recht angenehm, und der Pastor kam auch zügig voran. Die Dunkelheit machte ihm keine Angst und es leuchteten auch der Mond und eine Menge Sterne am Himmel. Gut gelaunt pfiff und sang er vor sich hin. Ja, hatte er bald schon ein Dutzend Kirchenlieder rauf und runter gesungen.

Plötzlich aber hielt er erstaunt inne. Es schien ihm, als höre er von Ferne eine Flöte erklingen. Und während er so lauschend dastand, vernahm er auch einen vielstimmigen Gesang, der merkwürdig in seinen Ohren tönte. Und da sah er ein Licht am Horizont, einen flackernden Feuerschein, und setzte er seinen Weg in diese Richtung fort, über eine Wiese, deren Pflanzen ihm bis an die Hüften reichten. Disteln schnit-

ten ihm in die Hände und kratzten an seinem Gewand, aber das kümmerte ihn nicht weiter.

„Seltsam, der Gesang in dieser Einöde!", dachte er. Bald erreichte er eine Lichtung, auf der das Gras festgetreten war und mehrere kleine Feuer brannten. Und dort erblickte er eine Schar Männer und Frauen, die sich an den Händen hielten und im Kreis herumtanzten. Wie war er aber erstaunt, als er näher hinsah, kannte er sie doch alle! Es waren redliche Leute aus Schöppingen, die allesamt nie die Sonntagsmesse versäumten!

Während er so verharrte und staunte, da gewahrte er in ihrer Mitte einen Mann in einem grün schimmernden Umhang. Er hatte schwarze Haare, einen dünnen Schnurrbart und ein auffallend spitzes Kinn, und der Pastor hätte schwören können, ihn noch niemals zuvor gesehen zu haben. In der Tat sah er aus, als käme er aus einem weit entfernten Land. Dieser fremde Herr thronte auf einem mit purpurnem Samt bezogenen Sessel. Er hatte sich bequem zurückgelehnt und die Beine übereinander geschlagen, und seine Füße steckten in glänzenden Gamaschenschuhen.

Erst jetzt sah der Pastor, dass rund um den Kreis für jeden Tänzer ein Stuhl bereitstand.

„Was mochte das wohl für ein seltsames Fest sein?", überlegte der Pastor, und ließ kein Auge von dem merkwürdigen Treiben.

Sooft jemand aus der Gesellschaft vor das Gesicht des Herrn trat, der in der Mitte saß, machte er eine tiefe Verbeugung und rief: „Hu, hu, hu!" Und dieser Ruf klang gespenstisch und beinah unmenschlich, ja, erinnerte er den Pastor an den Ruf eines Käuzchens.

„Guten Abend, liebe Leute!", sprach der Pastor.

„Guten Abend, Herr Pastor!", erwiderten alle.

„Nun, ihr seid ja recht lustig."

Die Männer und Frauen lachten, und der Herr in der Mitte fragte: „Gefiele es Ihnen, Herr Pastor, sich mit uns zu erfreuen?"

„Oh ja, gern!", nickte der Kirchendiener, und so wurde er in den Kreis geführt. Man brachte auch ihm einen Stuhl mit leuchtend rotem Samtbezug und wohlwollend wies der Herr aus der Mitte darauf. Dankbar nahm der Pastor Platz.

Da begann der Tanz aufs Neue. Die Frauen wiegten sich in den Hüften, so dass ihre bunten Röcke hochflogen, und warfen die offenen Haare weit nach hinten. Die Männer dagegen schlenkerten und schleuderten ihre Beine, als wären diese aus Stroh. Mal fassten sich alle an den Händen und tanzten im Kreise, dann wieder lösten sich einzelne Paare heraus, drehten und wanden sich.

Dazu spielte der grün gekleidete Herr die eigentümliche Flöte.

„Sagt, was ist dies für ein besonderes Instrument?", fragte der Pastor.

Aber der Fremde zwinkerte nur belustigt und machte eine Bewegung mit der Hand, worauf dem Pastor ein silberner Becher voll Wein gereicht wurde.

Der Geistliche, der durchaus Gefallen an diesem Fest fand, nahm den Becher, und mit den Worten „Nun, in Jesu Namen!", setzte er ihn an die Lippen.

Im nächsten Augenblick aber verschwand alles: die Tänzer, der Herr in der Mitte und sogar die Stühle. Die Feuer verloschen und der Pastor blinzelte verblüfft in die Dunkelheit. Und noch während er sich die Augen rieb, bemerkte er, dass auch sein Stuhl nicht mehr da war und er stattdessen auf einem Misthaufen saß!

Den Becher jedoch hatte er noch in den Händen, und als er ihn umdrehte, erkannte er die Buchstaben, die darin eingraviert waren. Standen da doch die Namen aller Tänzer und Tänzerinnen!

Erleichtert, dass er nicht getrunken hatte, klopfte sich der Pastor den Mist vom Gewande und kehrte zur Landstraße zurück. Bald erreichte er müde und erschöpft, aber immerhin wohlbehalten, den Ort Schöppingen.

Den Becher aber hatte er den ganzen Weg über bei sich behalten. Daraus ließ er später einen Kelch fertigen, den er den Kapuzinern in Coesfeld schenkte.

Der Teinuhrshund

Es gab eine Zeit, da wagte niemand in Emsdetten, abends das Haus zu verlassen. Die Straßen waren wie leergefegt, kein Kutscher, der die Pferde durch die Stadt getrieben, kein Passant, der sich noch ein bisschen die Beine vertreten, und nicht einmal ein Wegelagerer, der sich nach Einbruch der Dunkelheit in der Gegend gezeigt hätte. Sie alle machten einen großen Bogen um Emsdetten, und ein jeder raunte seinem Nachbarn allabendlich zu: „Nehmt euch in Acht vor dem Teinuhrshund!"

Als hätte ihn jemand vergessen können!

Pechschwarz muss er gewesen sein. Man sagt, so schwarz wie die Nacht, in der er umging. Und genau deshalb hatte er wohl solch ein leichtes Spiel. Denn niemals sah man ihn von weitem kommen. Man konnte noch so oft über die Schulter blicken, die Nacht blieb schwarz und undurchdringlich, und niemals vernahm man auch nur das leiseste Geräusch, und niemals konnte man auch nur einen Schatten ausmachen. So wähnte sich das arme Opfer so lange in Sicherheit, bis dass ihm das furchtbare Knurren in den Ohren dröhnte und ein ekelerregender Geruch nach Verwesung in der Nase biss. Und da war es für den Unseligen auch schon zu spät. Aus dem zotteligen Fell starrten ihn zwei gelb funkelnde Augen an, und noch während der Ärmste wie gebannt dastand und sich nicht zu rühren wagte, bohrten sich auch schon die spitzen Zähne ins Fleisch, und es war um ihn geschehen. Und natürlich wusste man all das nur von ungefähr, denn wem das Ungetüm begegnet war, den fand man nie wieder, und natürlich konnte er dann nicht mehr berichten.

Dennoch war es sicher, dass der Hund jeden Abend gegen zehn durch die Straßen strich, schnüffelnd und blutdurstig

seinen Weg durch den ganzen Ort und bis hin zum bekannten „Hunnebaum" zurücklegte. Und obwohl ihn nie jemand zu Gesicht bekommen hatte, verrieten ihn doch die Spuren. Denn des Morgens sah man mancherorts die Abdrücke einer Eisenkette im Sand. Diese Eisenkette trug der Hund um den Hals und schleppte sie ständig hinter sich her.

Ein jeder verkroch sich also in seinen vier Wänden, hielt Türen und Fenster fest verschlossen, bekreuzigte sich und verharrte möglichst unbewegt und mit angehaltenem Atem.

„Et geiht wieda um!", flüsterten noch die Mutigsten der Emsdettener, aber auch sie wagten es nicht, dem Hund nachzusehen. Immerhin bekäme man davon einen dicken Kopf, hieß es.

Nun war einer der jungen Männer im Dorf den allabendlichen Spuk gehörig leid geworden.

„Es darf doch nicht angehen, dass uns so ein räudiger Köter ins Bockshorn jagt!", sagte er zu den Leuten auf der Straße.

Doch die zuckten nur mit den Achseln und trollten sich.

„Lasst uns allesamt etwas unternehmen!", gab der junge Kerl nicht auf, „es muss doch gelingen, das Biest endlich loszuwerden!"

Und wenn ihm auch jeder insgeheim zustimmte, so wollte doch keiner etwas davon hören.

Der Bursche aber verschloss sich in seiner Kammer, und die Nachbarn erzählten einander, er wäre wohl verrückt geworden. Er täte nichts anderes, als von einer Wand zur anderen zu gehen, auf und ab, Tag und Nacht.

Und während die Leute noch spotteten, da war dem Burschen eine Idee gekommen.

Er lief zum anderen Ende der Stadt und beschwatzte dort den Wagner, auf dass dieser ihm einen Leiterwagen überließe. Dann nahm der Bursche eines der Hinterräder ab, lieh sich zwei schnelle Pferde und legte sich mitsamt Wagen und Pferden auf die Lauer.

Der Wind heulte und wehte ganz fürchterlich an diesem Abend. Der Bursche hatte sich ein Lager hinter einem der dichten Holunderbüsche am Ortsrand gewählt. Und dort blies ihm der Wind aus der Richtung entgegen, aus der der Hund für gewöhnlich auftauchte.

Schon bald wurde es dunkel und auch der letzte Bürger verschwand von der Straße. Der Bursche begann in seinem dünnen Wams zu frieren, und langsam kamen ihm doch arge Zweifel ob seines kühnen Planes. Aber dennoch harrte er tapfer im Buschwerk aus.

Schließlich schlug die Glocke der nahen Turmuhr zehn und tatsächlich, im nächsten Augenblick wehte dem Burschen ein übler Geruch um die Nase.

Sprungbereit richtete er sich auf. Mit beiden Händen packte er den Leiterwagen und stemmte sich dagegen. Ein Paar gelber Augen leuchteten vor ihm in der Dunkelheit auf und der Bursche schnappte nach Luft, erschrocken über das Maß an Bosheit in diesen Augen. Noch hatte das Ungetüm ihn nicht gewittert. Und so wollte es gerade vorbeilaufen, als es der Bursche blitzschnell mit dem Wagen überrollte. Jetzt klemmte es unter der Achse fest, wo das Rad fehlte. Ja, nun war es selbst das vierte Rad am Wagen!

Sofort spannte der mutige Kerl die beiden Pferde vor das seltsame Fuhrwerk und ab ging es, im Henkersgalopp durch den Ort. Da konnte der Hund die Zähne fletschen, knurren und bellen soviel er mochte, all das nützte ihm wenig – er blieb festgeklemmt.

„Das Ungetüm ist gebannt!", rief der Bursche, während er an den Häusern vorbeisauste. „Öffnet nur die Fenster und hört!"

Und staunend horchten die Leute in die dunkle Nacht, dem Pferdgetrappel, den klappernden Wagenrädern, dem Winseln der Bestie und den triumphierenden Rufen des Burschen hinterher, die sich wie im Fluge in der Ferne verloren.

Die Mähnen der Pferde wehten, und der Bursche krallte sich daran fest, der rote Wams flatterte ihm über die Ohren, und seine übermütigen Schreie schallten durch Wald und Feld. So galoppierte er bis in den Brook, den düsteren Wald weit hinter der Stadt, hinein.

Dort hielt er die Pferde an, zögerte einen Moment und befreite den Hund, der die Augen gen Himmel verdreht hatte und dem die blutrote Zunge lang aus dem Hals hing. Das struppige Fell war nun nicht mehr schwarz, sondern leuchtete hell vom Staub.

„So, du Ungetüm! Hier kannst du spuken, soviel du Lust hast!", rief der Bursche, nahm die Pferde und ritt in das Dorf zurück, wo die Leute jetzt mit ihren Lampen vor den Häusern standen und sich die gute Neuigkeit erzählten. Jeder wollte noch ein wenig mehr von der furchtbaren Bestie und ihrem heldenhaften Bezwinger gesehen haben, und immer wieder musste er später im Wirtshaus erzählen, wie er den fürchterlichen Geisterhund mutig gepackt und unter den Leiterwagen geklemmt hatte.

Aber nicht jeder klopfte ihm auf die Schulter und empfing ihn mit Dankbarkeit und Lob. Einige Dörfler beargwöhnten den Mut des Burschen.

„Na, wer weiß, mit wem da ein Pakt geschlossen wurde!", munkelte man. Und andere fragten sich, wie es denn käme, dass ein junger Kerl so einfach das blutrünstige Ungetüm zu bannen vermochte. Womöglich hätte da doch der Teufel seine Hände im Spiel.

Und dann machte sich ein anderes Gerücht breit. Zwar konnte es niemand erklären, aber der Teinuhrshund schien sich wirklich auf einen Vertrag eingelassen zu haben, nach dem er nur noch im Brook zu spuken hatte. Aber pro Jahr dürfe er der Stadt Emsdetten einen Hahnentritt näher kommen.

Das jedoch kümmerte die Bürger nicht weiter, der Wald lag schließlich weit vor den Mauern, und so ein Hahnentritt ist denkbar klein.

Aber das ist nun schon lange her. Die Häuser der Stadt wachsen immer mehr in Richtung Brook, und inzwischen muss der Teinuhrshund eine Menge Hahnentritte näher gekommen sein. Und so ist es nur eine Frage der Zeit, wann man wieder von ihm hören wird.

Rendels Tod

Es muss im 13. Jahrhundert gewesen sein, da lebte bei Hörstel ein Mädchen namens Reinhildis, von allen kurz „Rendel" genannt. Ein jeder mochte Rendel, war sie doch fleißig und gottesfürchtig und stets frohen Mutes. Sie half, wo sie nur konnte, trug den Alten die schweren Lasten, brachte den Kranken Brot und Wasser, sorgte sich um die Tiere und hatte für jeden ein freundliches Wort.

Ihr Vater war früh verstorben, und Rendel vermisste ihn sehr. Jeden Tag ging sie zu seinem Grabe, brachte Blumen dorthin und betete. Die Mutter aber hatte ein zweites Mal geheiratet, einen boshaften, geldgierigen Mann, der Rendel das Leben schwer machte, wo er nur konnte. Er verbreitete Lügen über sie und drangsalierte sie auf üble Weise, und auch die Mutter wandte sich immer mehr von ihrer Tochter ab, ja, war sie des Mädchens längst leid geworden und hätte es am liebsten aus dem Hause gejagt. Das allerdings ging nicht, denn der Knüppelhof in Westerkappeln, auf dem sie lebten, gehörte Rendel, hatte ihn doch der Vater ihr vererbt. Dies war auch die Quelle des Hasses, wurmte es die Mutter doch, dass Rendel die Eigentümerin war und nicht sie selbst.

Und mit jedem Tag, der verging, wuchs ihr Hass auf das Mädchen.

„Es ist an der Zeit, dass du dir einen Bräutigam suchst!" , sagte die Mutter eines Tages zu Rendel.

„Bald wird dir die Arbeit allein zu schwer werden. Nimm dir einen Mann aus dem Dorf und es wird dir besser ergehen!", sprach auch der Stiefvater.

Doch Rendel schüttelte heftig mit dem Kopf. „Ich bin kräftig und gesund. Der Hof ist das Erbe meines Vaters, und das werde ich in Ehren halten!", sagte sie.

„Du wirst schon noch zur Einsicht kommen!", sagte die Mutter. „Um den Hof kümmerten wir uns genauso gut."

Rendel jedoch widmete sich wortlos wieder ihrer Arbeit, wusste sie doch um die Faulheit der beiden und wollte auf keinen Fall den prächtigen Hof verkommen lassen.

Die Mutter ärgerte die Entschlossenheit der Tochter über alle Maßen, und gemeinsam mit dem Stiefvater beschloss sie, alles zu tun, um Rendel vom Hof zu vergraulen.

Und so mischten sie den Kühen etwas ins Futter, worauf sie erkrankten. Elend lagen sie im Stall, verweigerten das Fressen und wurden von Tag zu Tag schwächer, und einzig Rendels Fürsorge war es zu verdanken, dass sie alle durchkamen und wieder Milch geben konnten.

Immer wieder kam es vor, dass Geräte verschwanden, Schaufeln unauffindbar blieben, Werkzeug zerstört war oder es waren die Scheunentore nicht geschlossen worden und der Regen hatte das Heu völlig durchnässt.

Aber Rendel schien das alles überhaupt nichts auszumachen. Mit dem ersten Vogelgezwitscher stand sie frohgelaunt auf, verrichtete ihre Arbeit ohne zu murren, und nach dem Abendgebet schlief sie voller Zuversicht und Gottvertrauen ein.

Da heckten die Mutter und der Stiefvater gemeinsam einen Plan aus, und eines Morgens, als Rendel zum Brunnen ging, um Wasser zu schöpfen, folgte ihr die Mutter leise. Und als sich Rendel über den steinernen Brunnenrand beugte, blickte sich die Mutter kurz um, ob nicht jemand in der Nähe wäre, und als tatsächlich niemand weit und breit zu sehen war, kam sie aus ihrem Versteck und stieß das Mädchen in die Tiefe. Während noch Rendels Schrei aus dem Brunnen gellte, rannte die Mutter ins Haus und erzählte dem Stiefvater, dass es gut verlaufen wäre.

Wie aber erschraken beide, als sie aus dem Fenster blickten und das Mädchen plötzlich wohlbehalten wieder auf dem Hof

stand! Im ersten Augenblick glaubten sie, einen Geist zu sehen, aber es war tatsächlich Rendel. Nicht ein Knochen war ihr gebrochen, denn Engel hatten ihren Sturz abgefangen und sie mit zarten Händen wieder emporgetragen.

Und arglos, wie Rendel war, glaubte sie, sich zu weit über den Rand gebeugt zu haben und fuhr mit ihrer Arbeit fort, als sei nichts geschehen.

Ein paar Tage später ritt der Stiefvater zur Jagd und Rendel war mit der Mutter allein. Das Mädchen versorgte die Tiere im Stall, als sie hörte, wie die Mutter nach ihr rief. Also betrat sie die düstere Stube und schloss die Türe hinter sich. Nun packten mit einem Male zwei Hände ihren Hals von hinten und umschlossen ihn fester und fester. Und so sehr Rendel sich auch wandt und versuchte, die Hände abzuschütteln, sie blieben fest wie Schraubstöcke um ihre Kehle geschlungen und allmählich schwanden dem Mädchen die Sinne.

Als ihr Körper zu Boden gesackt und kein Pulsschlag mehr zu fühlen war, löste die Mutter die Hände vom Hals der Tochter. Hinter dem Hof schaufelte sie sodann eine Grube, schleppte den Leichnam hinaus und warf ihn in das tiefe Loch, schüttete Erde darüber und kehrte ins Haus zurück, sich die Hände zu waschen.

Da aber erklang Hufgeklapper und sie glaubte, ihr Mann käme von der Jagd. Sie lief auf den Hof, mit vor Anstrengung gerötetem Gesicht und Schweiß auf der Stirne, und da sah sie, dass es fremde Reiter waren. Mit ernsten Gesichtern stiegen sie von den Pferden.

„Wir haben eine Nachricht zu überbringen ...", begann der erste der Reiter. Und so erfuhr die Mutter vom Tode ihres Mannes. Er war bei der Jagd so unglücklich vom Pferd gestürzt, dass ihn der Tod auf der Stelle ereilt hatte.

Mit weißen Fingerknöcheln hielt sich die Mutter am Brunnen fest. „Hat sie ihn mit in den Tod genommen!", stammelte

sie wieder und wieder und ihre Augen rollten in den Augenhöhlen wie irr. Und so aufgelöst wie sie war, blieben die Reiter bei ihr, gaben ihr zu trinken und gingen auf dem Hof umher.

„Ist euch eine Kuh verendet?", fragte einer der Reiter und wies auf den großen, dunklen Erdhügel hinter dem Haus.

Die Mutter aber antwortete nicht, sondern blickte nur starr auf ihre noch immer erdverschmutzten Hände.

Und als die Reiter sich erstaunt ansahen und gemeinsam zu dem Erdhaufen schritten, begann die Mutter wild zu kreischen. So nahmen die Männer die Schaufel, an der noch die feuchte Erde klebte, und begannen zu graben. Es dauerte nicht lange, da hatten sie die Leiche Rendels ausgebuddelt.

Ein Leichenwagen wurde bestellt, und man legte den Leichnam des Stiefvaters neben Rendel. Die Pferde aber waren nicht von der Stelle zu bewegen. Es half kein gutes Zureden und keine Peitschenhiebe, sie verharrten auf ihrem Platze.

Schließlich nahm man den Leichnam des Mädchens und bahrte ihn auf einem einfachen Karren auf, vor den man zwei Ochsen spannte. Den beiden Tieren überließ man nun den Weg. Gemächlich zogen sie von dannen, und eine große Menge Trauernder folgte dem Gespann.

Die Ochsen stapften querfeldein, und der Karren quietschte und wackelte, sodass man schon fürchtete, der Leichnam Rendels fiele herab. Aber nachdem der Wagen eine Zeitlang durch die Gegend gerollt war, hielten die Ochsen an. An dieser Stelle wuchsen nur große Sträucher, Riesenbeeren genannt, sonst war der Ort einsam. Und hier begrub man Rendel.

Später errichtete man über der Begräbnisstätte eine kleine Kirche, um die sich nach und nach Menschen ansiedelten. Dem Ort gab man nach den dort wachsenden Sträuchern den Namen „Riesenbeck":

Durch das Scharren der Ochsen aber, die den Leichnam zogen, hatte sich die Erde geöffnet und eine Quelle sprudelte

hervor. Noch heute erzählt man sich von der heilenden Wirkung des Wassers. Leider ist die Quelle jedoch versiegt, als der Dortmund-Ems-Kanal angelegt wurde.

Der Grabstein der Reinhildis ist heute noch in der Riesenbecker Dorfkirche zu sehen, eingelassen in der Wand über dem Eingang zur Turmkapelle.

Die Nachtmähr von Bentlage

Es müssen inzwischen wohl ein paar hundert Jahre vergangen sein, da lebte auf dem Pachthof des Fürsten zu Rheina-Wolbeck ein Bauer, der hatte drei Söhne.

Dieser große und überaus prächtige Pachthof war unmittelbar neben dem Schloss Bentlage gelegen, und der älteste Sohn war voller Stolz, ihn eines Tages übernehmen zu können.

Die Burschen wuchsen heran und bald war der Erstgeborene in das Alter gekommen, da er Gefallen am anderen Geschlecht fand. Und es geschah, dass er sich in die Dirke verliebte, welche eine dralle und ungewöhnlich hübsche Bauernmagd war. Nun aber war die Dirke den Bentlagern nicht geheuer, war sie doch eigentlich zu schön für eine einfache Bauernmagd. So manchem hatte sie den Kopf verdreht, und es ging das Gerücht um, dass die Dirke eine Nachtmähr sei.

Nachtmähren waren Frauen, die die geheimnisvolle Fähigkeit besaßen, sich zur Nachtzeit unsichtbar zu machen. Sie schlüpften durch ein offenes Schlüsselloch in die Schlafkammer eines jungen Mannes und legten sich dem Bedauernswerten auf Brust und Hals, um ihm die Luft abzuschnüren und ihn bis zum Morgengrauen zu quälen und zu peinigen.

Und tatsächlich hatte einer berichtet, die Dirke wäre es gewesen, die eines Nachts in seine verschlossene Schlafkammer gekommen sei. Sie hätte sich auf ihn gelegt, und um ein Haar wäre er dabei erstickt, ja, es sei ein Wunder, dass er am Leben geblieben wäre. Die ganze Nacht hindurch wäre er in schrecklichster Herzensangst gewesen, von furchtbarsten Schmerzen geplagt, und erst am Morgen wäre die Last von ihm gewichen.

Und so hieß es, die Dirke stünde mit dem Bösen im Bunde.

Als nun der Pächter und seine Frau von der Verbindung ihres Sohnes erfuhren, da erschraken sie sehr.

„Junge, glaubst du, wir wollten eine Nachtmähr in unserem Hause? Ich jage dich vom Hof, wenn du nicht die Finger von dem Mädchen lässt!", drohte der Vater.

„Bennatz, mein Junge, du wirst doch wohl noch eine andere finden!", versuchte es die Mutter.

„Willst du dich denn zum Gespött der Leute machen? Und uns noch dazu? Eine Nachtmähr als Braut! Junge, so nimm doch Vernunft an!"

Aber Bennatz wollte davon nichts hören. „Ich liebe die Dirke und die Dirke liebt mich!", sagte er und dabei blieb er.

So kehrte Streit im Hause des Pächters ein. Und besonders Giärd, welcher der zweitälteste Sohn war, litt unter dem Zwist daheim und dem Gespött der Leute. Ja, spürte er doch, wie ihn seine Freunde zunehmend mieden und die Leute hinter seinem Rücken tuschelten. Und so wuchs in seinem Herzen der Zorn auf seinen älteren Bruder.

Eines Abends stapfte er grübelnd durch den Wald. „Ich versteh den Bennatz nicht", sagte er laut zu sich selbst. „Er muss doch zur Vernunft kommen! Wenn er von dem Teufelsweib nicht lassen kann, dann soll ihn der Vater gefälligst vom Hof jagen! Das Weib wird wohl den Bennatz verhext haben! Verfluchte Nachtmähr!", schrie er laut und trat hinter einem Stein her.

Kaum hatte er die Worte ausgesprochen, da zuckte ein Blitz am Himmel; wo eben noch die schönsten Schäfchenwolken entlang gezogen waren und klares Blau herrschte, zog blitzschnell ein Gewitter herauf. Ein schrecklicher Wind kam auf, heulte um die Bäume herum und schüttelte die kräftige Eiche, unter der er stand. Sie schaukelte hin und her, als wäre sie nicht mehr als ein dünnes Stöckchen.

„Die Nachtmähr!", schrie Giärd, „das ist die Nachtmähr!" Voller Angst rannte er zum elterlichen Hof und brachte sich hinter den Mauern in Sicherheit. Aber als er aus dem Fenster

spähte, da sah er, dass sich der Wind, so rasch wie er aufgekommen war, wieder gelegt hatte.

In dieser Nacht war es auch, da wälzte sich Giärd schlaflos im Bette herum, als er ein Tappen wie von Holzschuhen auf den Dielenbrettern hörte. Die Schritte kamen näher und näher, und plötzlich war ihm, als lege sich eine schwere Last auf seine Brust. Einen Moment lang stockte ihm das Herz, und dann begann es zu rasen, und dabei konnte er kaum atmen. Er wollte schreien, aber brachte doch keinen Laut heraus. Und die Last abschütteln, das ging schon gar nicht, war er doch vor Entsetzen wie gebannt. So verharrte er die ganze Nacht, aufs Schrecklichste gepeinigt.

Erst als der Morgen anbrach, ließ die Nachtmähr von ihm ab, da hörte er wieder das Tappen, und der Spuk war vorbei.

Bleich und bis auf die Knochen zermürbt, trat er in die Stube. Aber den Teller, dem ihn die Mutter reichte, ließ er unberührt, starrte er doch nur geradeaus und versuchte, seinen Geist zu beruhigen. „Diese verfluchte Nachtmähr!", dachte er bei sich. „Jetzt soll sich der Vater endlich ein Herz fassen und den Bennatz von dannen jagen!"

Und als er in den Stall kam, um den Pferden das Futter zu geben, da traute er seinen Augen nicht. Standen die beiden Braunen da mit zusammengeflochtenen Mähnen und Schwänzen! So sehr er auch an den Haaren riss und zerrte, ließen sich die Knoten doch nicht lösen, und so lief er zum Haus, Messer und Schere zu holen. Der Schrecken schnürte ihm beinah die Kehle zu. „Die Nachtmähr!", stieß er krächzend hervor. „Die gottverdammte Nachtmähr!"

Aber als er aus der Küche zurückkam, da waren die Mähnen und Schwänze der Pferde wieder glatt. So glatt, als wären sie nie geflochten worden.

All das erzählte der Giärd im Orte, und so machte man einen noch größeren Bogen um die Dirke als ohnehin schon. Einzig

den Bennatz störte das Gerede nicht, hielt er doch weiterhin zu dem Mädchen.

Der Sommer ging ins Land, und es kam die Zeit der Heuernte. An einem Tage, als die Sonne erbarmungslos aus dem wolkenlosen Himmel brannte, da waren alle Bauern aus Bentlage auf dem Felde. Auch die Dirke war fleißig bei der Arbeit, harkte wie die anderen Mägde das Heu zu hohen Haufen. Nur wollte so recht keiner was mit der Dirke zu schaffen haben. Halfen sich die anderen Mägde untereinander und teilten sie sich die schwerste Arbeit, so war die Dirke stets auf sich gestellt.

Diesmal mühte sie sich mit einem großen Wiesenstück unter der Harke. Die Sonne brannte ihr auf den Kopf, und ihr begann zu schwindeln. Für einen Augenblick stützte sie sich auf die Harke und wischte sich den Schweiß von der Stirne, aber da trat ihr der Bauer entgegen.

„Es ist keine Zeit zum Dösen! Das Heu muss nach Haus!", schrie er. „Los Deern, weiter an die Arbeit!"

So harkte die Dirke weiter.

Bald aber begann das Feld vor ihren Augen zu kreisen, sie schnappte nach Luft und sackte dann in sich zusammen. Da lag sie nun ausgebreitet im Gras, und beim Fallen war ihr der Rock bis zu den Knien hochgerutscht. Die Knechte und Mägde umringten sie, der eine oder andere stieß sie vorsichtig an, doch die Dirke rührte sich nicht.

Der Bauer kam hinzu und verschränkte die Arme vor der Brust. „Das ist nun die Strafe", sagte er. Und an den Knecht gewandt sprach er: „Pack an! Wir tragen sie in das Torhaus vom Schloss."

Dort auf den kalten Boden legten sie die Dirke ab, die sich noch nicht wieder bewegt hatte.

„Und nun wieder an die Arbeit!", befahl der Bauer.

„Aber man muss dem Wicht doch helfen!", sagte der Knecht.

„An die Arbeit, hab ich gesagt!", schrie der Bauer. „Das Heu muss vom Feld, bevor es gewittert."

Und er verschloss die Tür vom Torhaus.

„Ich werd heut Abend nach ihr sehen. Bis dahin hat sie es kühl", sagte er, aber bei sich dachte er: „Soll doch der Teufel nach ihr sehen!" und steckte den Schlüssel in die Tasche seines Kittels.

Am Abend sorgte sich der Bennatz, als er die Dirke nicht daheim antraf. Aber wen er auch fragte, niemand gab ihm Auskunft, wo das Mädchen denn geblieben sei.

„Es soll sich wohl unsichtbar gemacht haben! Wie es denn die Art von Nachtmähren ist ...", sagte einer achselzuckend, aber Bennatz gab nicht auf und suchte seine Dirke überall – doch vergeblich.

Der Bauer aber hatte die Magd schon beinah vergessen, als er nach drei Tagen plötzlich den Schlüssel wieder in der Hand hielt. Man ging also zum Schloss und sperrte die Tür zum Torhaus auf.

In der Kammer war es dunkel. So dunkel, dass man erst gar nichts erkennen konnte. Aber dann sahen sie die Dirke. Sie lag da und atmete nicht mehr. Und es heißt, ihre Leiche sei ganz schwarz gewesen, so schwarz wie die Pest.

Die wundersame Quelle zu Bentheim

Einst lebte in der Stadt Bentheim ein Graf, dessen besondere Leidenschaft der Jagd galt. Seinen Einladungen folgte ein jeder nur allzu gern.

Als wieder einmal eine große Jagd veranstaltet wurde, tummelten sich im Bentheimer Wald die geschicktesten Jäger von nah und fern, und am Abend wurden dutzende erlegter Tiere ins Schloss gebracht, wo die Köche die köstlichsten Braten daraus zauberten. Man speiste und trank und war ausgelassen bis spät in die Nacht.

Wie aber bei Jagden üblich, so war auch diesmal manches Wild angeschossen davongekommen.

Am Tage nach der Jagd machte sich der Graf zusammen mit den anderen Reitern auf, das verwundete Wild aufzuspüren. Bis in die entlegensten Stellen des Waldes ritt man, teilte das Unterholz und spähte unter Bäume und Strauchwerk. Man fand aber nur ein paar kranke Hasen zwischen den Farnen und einen waidwunden Eber.

„Wie merkwürdig", dachte der Graf bei sich. Dann fiel ihm etwas ein. „Bei dem stinkenden Pfuhl haben wir noch nicht gesucht!", rief er seinen Leuten zu.

Diese verharrten schweigend auf ihren Pferden, die Blicke gesenkt. Nur einer von ihnen hob keck den Kopf und sprach: „Aber Herr Graf, der Pfuhl ist viel zu weit gelegen."

Die anderen pflichteten ihm eilig bei. „Ja, viel zu weit, als dass sich dorthin ein Tier geflüchtet haben könnte."

Der Graf allerdings durchschaute die Männer. Sicher waren sie noch erschöpft vom Gelage der letzten Nacht und der Pfuhl lag tatsächlich ein gutes Stück im Wald, aber der wahre Grund war anderer Natur. Durch den Bentheimer Wald schlängelte sich nämlich ein Bach, die Rammelbecke. Folgte

man diesem Bach bis zur Quelle, so kam man an kleine Kuhlen und Schlammlöcher, die ganz fürchterlich nach faulen Eiern stanken. Und niemand näherte sich diesem Ort freiwillig, erzählte man sich doch die schauerlichsten Geschichten darüber. So manchen gab es, der dort das Gelächter von Hexen gehört hatte. Und einige wollten sogar gesehen haben, wie Hexen mit flatternden Röcken zwischen den Bäumen getanzt hätten. Und wiederum andere berichteten von noch schauerlicheren Spukgestalten, die dort im Schlamm hausten. So sehr der Graf auch die Männer zu überreden versuchte, niemand war bereit, zum stinkenden Pfuhl zu reiten. Also kehrte man zum Schloss zurück.

Das Verschwinden der angeschossenen Hirsche aber ließ dem Grafen keine Ruhe und zwei Tage später machte er sich noch einmal allein auf die Suche. Er durchquerte den Wald, kam zur Rammelbecke und folgte dem Bachlauf. Schon bald stieg ihm übler Geruch in die Nase, und von Meter zu Meter wurde es schlimmer. Sein Pferd scheute und weigerte sich, auch nur noch einen Schritt zu gehen. Kein gutes Zureden half, und so stieg der Graf ab und marschierte zu Fuß weiter. Der Gestank wurde schlimmer und schlimmer, und der Graf band sich ein Tuch um die Nase. Plötzlich ertönte ein ohrenbetäubender Lärm und dicht vor ihm erhob sich ein ganzes Rudel Hirsche. Unter Gestöhn und Gehumpel verschwand es aber wieder im Dickicht.

„Die angeschossenen Tiere vom Hubertustag!", erkannte der Graf sogleich.

Verdutzt stand er da, und nun sah er, wie sich in der hinteren Ecke des Schlammpfuhls etwas bewegte. Sein Herz schlug schnell und das Geschwätz der Leute kam ihm in den Sinn, er dachte an Hexen und noch grausigere Gestalten, aber dann gewahrte er, dass es ein stattlicher Achtzehnender war, der da schwer verletzt im Schlamm lag.

Der Graf nahm sein Gewehr und trat näher an das Tier heran, das leise stöhnte und ihm mit schimmernden Augen entgegenblickte. Ein merkwürdiger Zauber ging von diesen Augen aus. Plötzlich füllte sich das Herz des Grafen mit Mitleid. Er kniete neben dem Tier nieder und wusch seine Wunden.

Und als er am nächsten Tag zum stinkenden Pfuhl kam, da ging es dem Hirschen noch immer schlecht, aber es schien, als wären die Wunden schon weniger tief.

Von nun an ritt der Graf jeden Abend dorthin, brachte dem Hirschen Futter, redete ihm beruhigend zu und streichelte ihn. Es dauerte nicht lange, da war das Tier von seinen schweren Verletzungen geheilt, ja, es waren sogar kaum Narben geblieben.

„Es liegt an dem Schlamm!", verkündete der Graf im Schloss. „Der Schlamm hat heilende Kräfte!"

Aber die Leute schüttelten nur den Kopf und waren sie unter sich, da tippten sie sich an die Stirn und lachten über den Grafen. Womöglich hatte ihm eine Hexe den Geist verwirrt. Was sollte es anders sein? Kein vernünftiger Mensch würde sich sonst freiwillig an diesen unheimlichen Ort begeben.

Nun begab es sich, dass ein guter Knecht an Podagra (Gicht) litt. Zusehends verschlimmerte sich seine Krankheit. Bald schon bereitete ihm jede Bewegung große Schmerzen. Bleich und matt lag er in seinen Kissen.

„Jan-Harm, der stinkende Pfuhl wird dir helfen!", rief der Graf aus.

Der Knecht war nun so schwach, dass er kaum noch Kraft zum Widersprechen fand. Da packte der Graf eines Morgens den Knecht und setzte ihn auf sein Pferd. Er hielt ihn fest und brachte ihn in den Wald, so sehr er auch murrte und jammerte.

Erst an dem Schlammloch ließ er ihn ab.

„Jan-Harm, dahinein mit dir!", befahl der Graf, und dem Knecht, der vor Furcht zitterte, blieb nichts anderes übrig, als zu gehorchen.

Da saß er bis zum Hals im Schlamm und machte ein so ängstliches Gesicht, dass der Graf schallend lachte.

„Am Abend hole ich dich wieder ab!", versprach er und ritt davon.

So ging es von nun an jeden Tag.

Und siehe da, kaum war der Hochsommer gekommen, da lief Jan-Harm wieder so flink neben seinem Herrn wie früher!

Endlich war man im Schloss überzeugt, und eifrig half man dem Grafen, eine Hütte am stinkenden Pfuhl zu bauen. Eine prächtige Holzhütte entstand nun mitten im Wald. Zuletzt schnitzte man noch eine Hand in das Holz. Diese wies auf einen Schlitz und der mündete auf der anderen Seite in eine Armenbüchse. Darunter stand auf einem Schild zu lesen: „Deese Fontein maakt von Scheurbuk rein!"

Die rasche und wundersame Heilung des Jan-Harms hatte sich schnell herumgesprochen, und so kamen die Menschen von weit her, um sich in den Schlamm zu setzen.

Der Hirsch aber lebte von nun an im Schlossgarten, und der Graf persönlich kümmerte sich um sein Wohlergehen.

Der Müllerbursche von Gronau

Es geschah einmal, dass ein Müller aus Gronau seinen Burschen nach Schöppingen schickte, um Geld für das verkaufte Mehl einzutreiben.

Da hatte der Müllerbursche allerhand zu tun, denn der eine war gerade ausgegangen, der andere öffnete ihm nicht die Türe und wieder ein anderer konnte sein Geld nicht finden. So war es bereits Abend, als der Bursche sich auf den Heimweg machte. Nun war der Weg aber lang, und der Müllerbursche schon recht erschöpft, und so beschloss er, die Landstraße zu verlassen und den Weg durch die Heide zu nehmen.

Das war allerdings nicht ganz ohne Gefahr, hieß es doch, in der Heide trieben böse Geister ihr Unwesen. So war dem Müllerburschen auch recht mulmig zumute, und während er durch die Heide stapfte, blickte er sich immer wieder um, ob ihm nicht jemand folgte.

Eine Zeitlang fühlte er den Heideboden sicher unter den Füßen und kam zügig voran, aber es währte nicht lang, da stieg Nebel vor ihm auf. Und je weiter er kam, umso dichter und dichter zog sich der Nebel um ihn zusammen. Da wurde dem Müllerburschen noch banger und er fürchtete, den Weg unter den Füßen zu verlieren und in einen Heidekolk zu geraten. Gab es doch unzählige Wasserlöcher, deren Schlamm so heimtückisch war, dass man darin versinken konnte. Daher setzte der Müllerbursche vorsichtig einen Fuß vor den anderen und sperrte Augen und Ohren weit auf.

Plötzlich war es ihm, als hörte er über sich ein Rauschen und Schwirren wie von einem großen Vogel. Er hielt inne und blickte angestrengt in den Nebel, aber der blieb undurchdringlich, ja, umschloss ihn wie milchig-weiße Mauern. Ein Lufthauch streifte den Müllerburschen, und wie er so lauschte, vernahm er ein Seufzen und Stöhnen, das ihm bis ins Mark fuhr. Er ging ein paar Schritte weiter, und nun erklang es hinter seinem Rücken, und er ging schneller und schneller, aber nun war das Wimmern vor ihm. Er rannte über den Heideboden, wich mal nach rechts, mal nach links aus, aber wie er sich auch drehte und wendete, immer holte ihn das furchtbare Geräusch ein.

Bald hatte er die Richtung gänzlich verloren und wusste nicht mehr vor- noch rückwärts. Hilflos stand er in der Dunkelheit und sein Herz hämmerte wild. Und wieder vernahm er das Seufzen und Stöhnen, schauriger denn je. Er hielt sich die Ohren zu und warf sich auf den weichen Boden. Hier würde er warten, bis sich der Nebel gelegt hatte, beschloss er. Vielleicht käme dann auch der Mond hinter den Wolken hervor und er könnte seinen Weg sicher fortsetzen. Jedoch solange er auch wartete, nichts dergleichen geschah. Aber da auch das Ächzen nicht mehr erklang, glaubte der Müllerbursche, wegen seiner Müdigkeit hätte ihm sein Verstand einen Streich gespielt. Und noch während er so in die Nacht hineinhorchte, hörte er auf einmal, wie jemand seinen Namen rief.

„Oh, das wird der Müller sein!", dachte der Bursche und sprang erfreut auf. Ganz sicher sorgte sich der Müller bereits, wo er denn solange mit dem Geld bliebe.

„Hier bin ich!", schrie der Müllerbursche und winkte mit den Armen, „hier!" Und er lief in die Richtung, aus der der Ruf gekommen war. Aber so sehr er auch rief, niemand antwortete ihm, und so setzte er sich abermals auf den Boden und starrte in die grauschwarze Nacht hinaus. Tränen stiegen ihm in die Augen, und die Verzweiflung schnürte ihm die Kehle zu.

„Am besten, ich lege mich schlafen und setze meinen Weg bei Morgengrauen fort", sagte er sich und streckte Arme und Beine aus.

Er mochte bereits eine ganze Weile geschlafen haben, da merkte er, wie jemand an ihm rüttelte. Erschrocken fuhr er hoch und rieb sich die Augen.

War das ein Geist? Mit offenem Mund blickte der Müllerbursche in den Nebel, und dann sah er es ganz deutlich. Ein durchsichtiges Wesen mit großen, wässrig-trüben Fischaugen glotzte ihn an! Der Bursche saß wie gebannt da, und von dem fauligen Gestank, den das Wesen verströmte, schwanden ihm fast die Sinne.

Und nun ertönte eine schaurig-weinerliche Stimme: „Fürchte dich nicht, lieber Bursche, ich bin eine Nachtmähr, und jetzt ist die Zeit und die Stunde gekommen, da du mich erlösen kannst. Werde ich jetzt nicht gerettet, muss ich bis in alle Ewigkeit umgehen und kann keine Ruhe finden. Ich bitte dich, hilf mir und erlöse mich! Es soll dein Schaden nicht sein, will ich dich doch gut belohnen. Du sollst glücklich und reich werden – dein Leben lang!"

Der Müllerbursche kratzte sich am Kopf. „Reich und glücklich, sagst du?"

„O ja, viel reicher als der Müller, ja, du wirst bald der reichste Mann der ganzen Stadt sein!"

„Was muss ich dafür tun?", fragte der Bursche, und die Furcht wich von ihm.

„Siehst du dort die Wasserrose auf dem Teich?" Die Nachtmähr wies mit einem ihrer durchsichtigen Arme in die Richtung.

In dem Moment lichtete sich der Nebel und der Mond trat hinter den Wolken hervor. Der Müllerbursche erschrak, befand er sich doch ganz nahe am Ufer eines Heidekolks. Um ein Haar wäre er in der Dunkelheit dort hineingeraten, und niemand hätte jemals etwas von seinem Verbleibe erfahren!

Auf dem dunklen Wasser schimmerte die Wasserrose und sah so wunderschön aus mit ihren zarten, blassrosa Blütenblättern.

„Du musst sie nur für mich pflücken!", sprach die Nachtmähr. „Wenn du sie mir bringst, so bin ich erlöst. Du aber wirst reich sein. Das Geld in deinen Taschen wird sich verdoppelt, ja verdreifacht haben, und niemals wird es dir ausgehen!"

Der Müllerbursche sah zu der Wasserrose, die kaum eine Armeslänge von ihm entfernt schwamm.

„Hilf mir bitte!", lockte die Nachtmähr und auf ihrem Gesicht erschien ein feines Lächeln. Ja, sah sie nun gar nicht mehr schaurig aus, und so versprach der Bursche, ihr die Rose zu bringen.

Während er sich nun platt auf den Bauch legte, hörte er über sich wieder das Rauschen und Schwirren, und war die Nachtmähr aufgeflogen und hatte sich auf eine Weide neben den Kolk gesetzt.

Der Müllerbursche streckte den Arm aus und tastete nach der Wasserrose. Aber vergebens. Sobald seine Hand eins der Blätter berührte, entglitt ihm die Pflanze, ja, es war, als triebe sie ein lustiges Spiel mit ihm.

Allmählich verlor der Bursche die Geduld. „Ich werde dich schon noch zu fassen kriegen!", knurrte er, stand auf und stieg vorsichtig in das Wasser. Der Kolk schien nicht tief zu sein, umspülte das Nass doch nur seine Knie. Und wie er so dastand und nach der Wasserrose spähte, hörte er wieder das Rauschen von Schwingen. Die Nachtmähr war in die Nacht hinausgeflogen.

„Wer weiß, ob sie nicht einen Spaß mit mir treibt", dachte der Bursche, aber nun war die Wasserrose so nah, dass er sie schon in der Hand fühlte. Ein Griff und sie wäre sein, und schon beugte er sich über das trübe Wasser – da erblickte er zwei grässliche, grüne Glotzaugen! Ein weitgeschlitztes Maul mit furchtbaren Zähnen sprang ihm entgegen, und lange, krallige Finger griffen nach seinen Armen.

Mit lautem Aufschrei warf sich der Bursche zur Seite, schlug lang in das Wasser hin und spürte schon die Krallen an seinen Füßen. Wild trat er um sich, versuchte, sich ans Ufer zu retten, aber da merkte er, wie er in den Schlamm eingesunken war, ja, saugte und schmatzte der Morast schon an seinen Hüften.

In der Todesangst wuchsen dem Müllerbursche ungeahnte Kräfte. Noch einmal bäumte er sich auf, und es gelang ihm, das feste Land zu erreichen! Mühsam schleppte er sich über den Boden, bis ihm schwarz vor Augen wurde und er regungslos liegen blieb.

Als er wieder zu sich kam und die Augen aufschlug, stand die Sonne bereits hoch am Himmel. Bis auf die Knochen zermürbt erhob er sich, und während er noch überlegte, welch ein furchtbarer Albtraum ihn in der Nacht heimgesucht hatte,

bemerkte er den Kolk neben sich: Mitten auf dem Wasser schwamm die Wasserrose, glänzend und schön im Sonnenlicht.

Der Müllerbursche aber bekreuzigte sich und machte sich eilig auf den Heimweg. Müde und doch wohlbehalten kehrte er nach Gronau zurück und berichtete dem Müller, was ihm widerfahren war. Und es wird erzählt, sooft ihn der Müller noch nach Schöppingen schickte, niemals wieder hat der Bursche die Abkürzung durch die Heide genommen.

Wie die Haarmühle in Alstätte zu ihrem Namen kam

Vor langer Zeit lebte in der Nähe von Ahaus eine Familie, die so arm war, dass Mann und Frau nicht wussten, wie sie ihr Kind ernähren sollten. Von frühmorgens bis spät in die Nacht war der Mann unterwegs. Mal half er den Bauern bei der Ernte, mal versorgte er das Vieh, aber sehr oft kam es vor, dass es für ihn nichts anderes zu tun gab, als von Hof zu Hof zu wandern und um einen Almosen zu bitten. Manchmal gab man ihm ein paar Eier, manchmal eine Handvoll Möhren, aber meistens schickte man ihn fort. Und manche hetzten sogar ihre Hunde auf ihn.

Seine Frau, eigentlich noch ein junges Mädchen mit wundervollen, langen Haaren, band sich jeden Morgen das Kind auf die Hüfte und machte sich auf, im Wald nach Beeren und essbaren Blättern zu suchen. Da es aber viele gab, die in diesen Zeiten an Hunger litten, war die Ausbeute stets mager. Abends stand sie dann in der kleinen, düsteren Stube und bereitete aus den Dingen, die sie gefunden oder die man ihnen gegeben hatte, ein karges Mahl zu. Und das war so wenig, dass das Kind immer hungrig zu Bett ging und sie selbst und ihr Mann vor Hunger immer blasser und erschöpfter wurden.

„Frau, was sollen wir bloß tun?", fragte der Mann verzweifelt und betrachtete das schmal gewordene, kleine Gesicht des Kindes. Seine Knochen zeichneten sich unter dem Stoff des dünnen Hemdchens ab.

„Morgen mache ich mich nach Alstätte zur Mühle auf", nahm sich der Mann vor. „Dort wird man doch wohl ein Brot für uns haben!"

Bevor er aufbrach, nahm er seine Frau fest in die Arme und strich über ihr prachtvolles Haar, das weich über ihren Rücken fiel und das er so sehr liebte.

77

Der Weg wurde ihm weit. Seine Schuhe waren löchrig und jeder Schritt auf dem unebenen Boden schnitt ihm wie ein Messer in die Füße, aber dann hörte er das Plätschern von Wasser und er sah die Mühle. Müde klopfte er an die Tür.

Der Müller öffnete ihm.

„Ich bitte Euch, guter Müller, gebet mir ein Brot! Ich kann es Euch nicht bezahlen, aber meine Familie ist ganz elend und schwach vor Hunger. Schon lange haben sie kein Brot mehr gesehen."

Der Müller trat einen Schritt zurück. „Du bittest um Brot und kannst es nicht bezahlen?", fragte er und musterte den armen Mann unverhohlen. Dieser war zwar mager, aber seine Arme schienen kräftig. Und groß war er, überragte er den Müller doch um einen ganzen Kopf.

„Ich bitte Euch!", sagte der Mann flehend. „Und wenn es nur ein kleines Stück ist!"

Der Müller verschränkte die Arme vor der Brust und schüttelte den Kopf. „Ich kann doch nicht jedem, der des Weges kommt, Brot geben. Aber wenn ich es mir recht überlege, einen Knecht könnte ich gebrauchen. Einen, der die Säcke trägt und mir zur Hand geht."

„Aber meine Familie erwartet mich daheim", sagte der Mann zögernd. „Was wird sie sich sorgen, wenn ich morgen nicht zurück bin!"

„Aber was werden sie sagen, wenn du ohne Brot kommst?", erwiderte der Müller. „Für deine Arbeit gäbe ich dir Brot satt, das kannst du dann nach Hause bringen."

Und noch während der Mann überlegte, da hatte ihm der Müller schon einen schweren Sack Korn auf die Schulter gelegt und ihm befohlen, ihm in die Mühle zu folgen.

Am Abend war der Mann völlig erschöpft von der harten Arbeit, und als ihn die Müllerfrau mit an den Tisch holte, wo das köstlichste Brot lag, da langte der Mann gierig zu.

„Heute esse ich gut und morgen nehme ich mein Brot und mache mich auf den Heimweg", dachte er bei sich. Und nach dem Essen, zeigte ihm der Müller seinen Schlafplatz im warmen Stroh und dort streckte er die Beine aus und war im nächsten Augenblick auch schon eingeschlafen.

Am anderen Morgen wurde er früh geweckt, und den ganzen Tag lang arbeitete er fleißig. Der Mehlstaub kroch ihm in Nase und Augen, der Rücken schmerzte vom Gewicht der Säcke, und so saß er am Abend todmüde auf dem Stuhle, aß von dem Brot, das ihm die schöne Müllerstochter reichte, und flüchtig kam ihm seine Frau in den Sinn. „Morgen. Morgen mache ich mich auf den Heimweg", so sagte er sich abermals, bevor ihm vor Müdigkeit die Augen zufielen.

So ging es Tag für Tag. Abends speiste er im Kreise der Müllerfamilie, und ihm gegenüber saß die Tochter, die stets darauf bedacht war, dass sein Becher gefüllt und der Schmalztopf gut für ihn erreichbar war. Und das gute Essen und die hübsche Müllerstochter ließen ihn bald seine Familie vergessen. Längst hatte die Müllerstochter ihr Herz an den jungen Knecht verloren und heimlich hatte sie schon mit dem Vater gesprochen. Auch der hatte den Knecht ins Herz geschlossen, schließlich war er ein kräftiger Mann, der die schwerste Arbeit nicht scheute und niemals die Geduld verlor. Außerdem war der Müller schon lange in Sorge, dass seine Tochter eine alte Jungfer würde, und so war er mit der Wahl seiner Tochter mehr als einverstanden.

So nahm er denn auch den Knecht beiseite und sprach: „Junge, was hältst du davon, ich gäbe dir meine Tochter zur Frau und du übernähmst die Mühle?"

Der Knecht wurde erst blass, dann rot, und sein Herz begann zu hüpfen. Die Müllerstochter gefiel ihm nicht schlecht und eine Mühle als sein Eigentum, das war mehr, als er sich je erträumt hatte, ja, eine so prächtige Mühle, das bedeutete

Arbeit und Brot, so viel er nur wollte. Und er strahlte über das ganze, mehlbestäubte Gesicht und reichte dem Müller die Hand, und der Plan war beschlossen.

Sofort begann man mit den Hochzeitsvorbereitungen. Die Müllerin ließ ein wundervolles, mit Perlen besticktes Brautkleid beim Schneider in Auftrag geben. Dieser nahm dann gleich beim Knecht Maß und fertigte einen schmucken Anzug für ihn. Und am Tag der Hochzeit kamen Gäste aus allen umliegenden Höfen, ein Schwein wurde geschlachtet, und Spielleute machten Musik.

Doch in all der ausgelassenen Stimmung wurde die Braut plötzlich traurig und sagte zu ihrem Mann: „Was bist du doch für ein prächtiger Bräutigam! So groß und stark und deine Augen funkeln, wenn du lachst! Sag, liebst du mich denn überhaupt?"

Der Mann lachte und antwortete: „Natürlich liebe ich dich! Was fragst du?"

„Nun ...", begann die Müllerstochter, „würdest du mich wirklich lieben, dann wäre dir kein Weg für mich zu weit. Dann wäre dir keine Aufgabe zu schwer und keine Bitte von mir zu abwegig."

„Verlangst du eine Mutprobe von mir? Soll ich losziehen und dir die Schuppen vom Rücken eines Drachen bringen?" Der Mann lachte noch lauter.

Die Müllerstochter verzog das Gesicht. „Nein, nein, ich weiß, dass es keine Drachen gibt."

„Also sag, was soll ich tun?" fragte der Mann.

„Ich möchte, dass du mir eine Rose bringst. Aber es muss eine Rose von einem frischen Grabe sein!"

„Einen ganzen Strauß Rosen werde ich dir bringen! Vom frischesten Grab, das ich finden kann!", versprach der Mann, gab der Braut zum Abschied einen Kuss und verließ die Feier. Zuvor nahm er noch seine alte, abgewetzte Tasche, mit der er

damals gekommen war, und packte sich etwas von dem Braten und ein paar Früchte ein.

Die Müllerstochter blickte ihm nach, wie er mit großen Schritten zwischen den Bäumen verschwand, und bereute ihre Bitte sofort. Sie überlegte, ihm nachzueilen und ihn aufzuhalten. Wie sollte sie denn jetzt noch ohne ihn feiern? Aber ihr Vater holte sie zum Tanz, und sodann drehte sie sich im Kreise und ihre Traurigkeit verflog.

Der Bräutigam dagegen durchwanderte den Wald, und es war bereits Nacht, als er einen Friedhof mit einem frischen Grab fand. Er öffnete das eiserne Tor. Still war es, und nur der Boden knirschte unter seinen Schuhen. Silbern leuchtete der Mond und tauchte die Gräber und Kreuze in

milchiges Licht. Da sah er zwei weiße Rosen auf einem frisch geschaufelten Grab. Die Erde schimmerte feucht, und während er die beiden Rosen an sich nahm, las er die Schrift auf dem einfachen Holzschild, und er fühlte sich wie vom Schlag getroffen.

Die Namen, die da standen, waren ihm gut bekannt, waren es doch die Namen seiner Frau und seines Kindes! Verhungert waren sie, und von plötzlichem Entsetzen erfasst warf sich der Mann auf den Grabhügel. Hatte er doch Brot holen wollen und sie darüber vergessen!

Laut schluchzend kramte er in seiner Tasche und schleuderte den Bratenrest und die Früchte heraus. Verdammte Nahrung, hatte sie ihm doch den Verstand geraubt! Und zusammen mit dem Festessen fiel auch eine Haarsträhne aus der Tasche. Die Haarsträhne, die ihm seine Frau vor Jahren gegeben hatte, als Zeichen ihrer großen Liebe!

Er nahm das Haar in beide Hände, schnupperte daran und wischte sich die Tränen damit aus den Augen.

Die Müllerstochter aber wartete lange auf ihren Bräutigam. Immer wieder blickte sie über den Platz und spähte in den Wald, zu der Stelle, an der sie ihn zuletzt gesehen hatte. Als sie Hufgeklapper hörte, rannte sie dem Reiter entgegen, in der Hoffnung, es wäre ihr Mann, aber nein, es war ein Bote aus dem Ort, der eine Nachricht für sie brachte. Man hatte ihren Mann auf dem Friedhof entdeckt. Oben an einem Baum hatte man ihn gefunden, erhängt an einer Haarsträhne, zu seinen Füßen die beiden weißen Rosen.

Diese Geschichte sprach sich schnell in der Gegend herum, und nannte man die Mühle von nun an nur noch die „Haarmühle".

Der Teufel und der Kupferstecher

Die Stadt Bocholt kann sich rühmen, Heimatstadt eines bedeutenden Künstlers gewesen zu sein. Israhel von Meckenem war sein Name, und er war nicht nur Meister im Goldschmieden sondern zugleich auch einer der ersten Meister des Kupferstichs.

In Kleve hatte er bei seinem Vater das Goldschmiedehandwerk erlernt, und nach mehreren Wanderjahren in Süddeutschland war er nach Bocholt gekommen. In der Nähe des heutigen Rathauses bezog er eine bescheidene Wohnung, in der er lebte und arbeitete.

Eines Sonntags, als Israhel die Messe in der Pfarrkirche St. Georg besuchte, da schweiften seine Blicke ab und mit einem Male fiel ihm ein Bild auf, das er noch nie zuvor gesehen hatte. Es zeigte den gekreuzigten Jesus und war von solch einer Ausdruckskraft, dass es Israhel den Atem verschlug und er der Predigt des Pfarrers zu folgen vergaß.

„Was für ein wundervolles Bild! Was gäbe ich dafür, könnte ich es doch auf Goldgrund nachbilden!", raunte er seiner Frau Ida zu, die mit gefalteten Händen neben ihm saß.

Ida legte warnend die Finger auf die Lippen, aber Israhel konnte das Ende der Messe gar nicht mehr abwarten. Noch während die Glocken läuteten, war er in seiner Arbeitsstube zurück, nahm sein Werkzeug und eine neue, funkelnde Goldplatte zur Hand.

„Heute am Sonntag willst du doch wohl nicht ans Werk gehen?", sagte Ida tadelnd, aber Israhel führte den Griffel über die Platte und zeichnete schon die Gestalt Jesu nach. Jedoch als er die Linien in den Goldgrund zu ritzen versuchte, rutschte er immer wieder mit der Hand ab. Das Material schien sich gegen ihn verschworen zu haben, es gelang ihm nicht ein einziger feiner Strich.

Als die Dämmerung herein-
brach, kam Ida, um nach ihm
zu sehen, und fand ihn tief
über die Platte ge-
beugt.

„Willst du gar
nicht essen?", frag-
te sie. Israhel schüt-
telte nur den Kopf
und knurrte ein paar
unverständliche
Worte.

Ida seufzte auf.
Dann zündete sie die
Kerzen an, schloss
die Läden vor dem
dem Fenster und
wünschte ihrem
Mann eine gute Nacht.

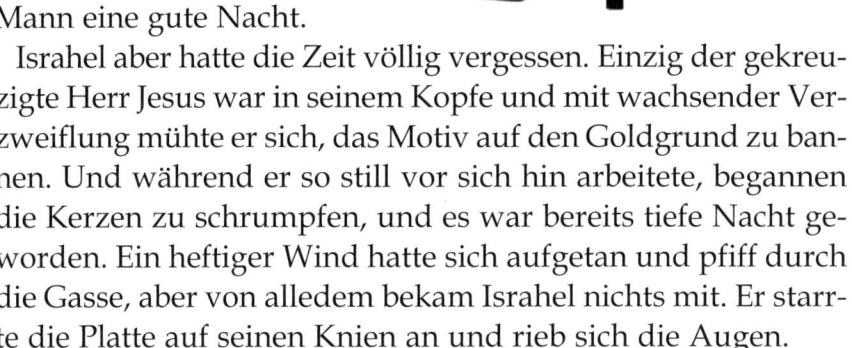

Israhel aber hatte die Zeit völlig vergessen. Einzig der gekreu-
zigte Herr Jesus war in seinem Kopfe und mit wachsender Verzweiflung mühte er sich, das Motiv auf den Goldgrund zu bannen. Und während er so still vor sich hin arbeitete, begannen
die Kerzen zu schrumpfen, und es war bereits tiefe Nacht geworden. Ein heftiger Wind hatte sich aufgetan und pfiff durch
die Gasse, aber von alledem bekam Israhel nichts mit. Er starrte die Platte auf seinen Knien an und rieb sich die Augen.

„Verdammt, verdammt!", murmelte er. Der Wind rüttelte an
den Fensterläden und Israhel rief lauter: „Ah, verdammt! Wa-
rum will es mir nur nicht gelingen?! Zum Teufel mit dem
Gekreuzigten!"

Aber kaum hatte er das gesagt, da flogen plötzlich die Läden
auf, und heulte der Wind laut in der ganzen Stube herum.

Israhel stand auf, knetete stöhnend die verkrampften Schultern und machte sich daran, das Fenster zu verschließen. Blätter flogen durch die Gasse und ein furchtbarer Regen klatschte auf den Weg und Israhel ins Gesicht. Ein paar Mal glitten ihm die Fensterläden aus den Händen, dann aber hatte er das nasse Holz fest gepackt und konnte die Läden zuziehen.

Israhel wischte sich den Regen von der Stirn und blinzelte in die Stube. Die Kerzen waren verloschen, nur eine einzige, bis auf den Stumpen herabgebrannt, flackerte wild. Und während Israhel beschloss, nun doch zu Bett zu gehen, da sah er plötzlich einen Mann, der regungslos an der Wand lehnte. Er hatte die Arme vor der Brust verschlungen und ein Bein lässig auf den Holzschemel gestützt. Sein weißes Hemd leuchtete im Kerzenschein und seine Augen glänzten, ja, es schien ein merkwürdiges Licht aus seinen Augen zu dringen.

Israhel schnappte erschrocken nach Luft. „Wer seid Ihr? Und was wollt Ihr zu so später Stunde von mir?", stieß er mit krächzender Stimme hervor.

„Oh, genau das wollte ich Euch gerade fragen!", antwortete der Mann, und ein feines Lächeln umspielte seine Lippen.

„Ich verstehe nicht ...", sagte Israhel und kratzte sich am Kopf.

„Deutlich habe ich meinen Namen vernommen!", sprach der Mann und trat auf Israhel zu. Dann machte er eine tiefe Verbeugung, wobei sein Hemd flatterte, holte weit mit den Armen aus und tippte sich an die Brust. „T-E-U-F-E-L", sagte er langsam. „Teufel!"

Israhel war bis an die entgegengesetzte Wand zurückgewichen und spürte seine zitternden Knie.

Der Mephisto lächelte und zeigte dabei eine Reihe großer, spitzer Zähne. „Kann ich Euch zu Diensten sein?", fragte er und gab sich dabei so harmlos, dass Israhel seinen Mut zusammennahm.

„Nun, wenn Ihr schon hier seid ...", begann er, „vielleicht könnt Ihr mir helfen, dieses Bildnis zu vollenden?"

Der Teufel nahm die angefangene Arbeit in die Hände und lachte auf. „Den Herrn Jesus soll ich nachbilden? Noch niemals zuvor ist mir eine solche Dreistigkeit untergekommen!" Sein Lachen schallte laut von den Wänden und die Schatten schienen durch den Raum zu tanzen. „Aber Ihr habt Schneid, das gefällt mir", sprach der Teufel weiter. „Ich denke, ich werde Euch wohl zeigen, wie man das Werkzeug führt. Seht nur gut zu!"

Und mit diesen Worten nahm er eine Kupferplatte vom Tisch, ergriff die Nadel und führte sie leicht über die Platte.

„Seht, wie Ihr den Griffel führen müsst!", erklärte der Teufel, und Israhel blieb vor Verwundern der Mund offen stehen. Zarte Striche überzogen schon bald das Kupfer, und unter den erstaunten Blicken Israhels entstand das Bildnis des gekreuzigten Jesus.

Die Kerze war längst verloschen, und erstes Tageslicht fiel durch den Spalt zwischen den Fensterläden, da hatte der Teufel seine Arbeit beendet.

„Nun, seid Ihr zufrieden?", fragte er.

Israhel konnte nur nicken, so benommen war er.

„Ihr wisst, was Ihr mir schuldig seid?", fragte der Satan und strich sich den Staub von den polierten Stiefeln. „Der Teufel ist bescheiden. Gold und Silber interessiert ihn nicht. Es ist nur die Seele, nichts weiter!", verkündete er und klopfte dem Israhel auf die Schulter. Und im nächsten Augenblick war er auch schon verschwunden.

Von da an gelangen Israhel die prächtigsten Bildnisse. Die Leute überschütteten ihn mit Aufträgen, und innerhalb kürzester Zeit war er ein angesehener und wohlhabender Mann geworden. Immer gewagter wurden seine Werke und so probierte er, was vor ihm noch kein Künstler getan hatte: Er bil-

dete sich selbst und seine Frau Ida auf einem Stich ab. Ida war sehr stolz auf das Werk ihres Mannes, wußte sie doch nicht, was sich damals in der Stube zugetragen hatte und wo die beeindruckende Darstellungskraft ihres Mannes herrührte.

Es vergingen viele Jahre, in denen Ida und Israhel ein sorgenfreies Leben führten. Je älter Israhel aber wurde, desto häufiger geschah es, dass er nachts aus dem Schlaf schreckte. Dann machte er mit zitternden Händen Feuer und leuchtete die Stube aus, ob nicht der Teufel in einer Ecke auf ihn lauerte. Ängstlich betrachtete er seine schlafende Frau und flehte die Heiligen an, sich doch seiner Seele zu erbarmen. Und einmal war es, dass er daraufhin einschlief und träumte, es spräche ein Engel zu ihm.

„Israhel, fürchte dich nicht länger! Deine Seele wird gerettet, wenn du deine Kunst von nun an nur noch frommen Werken widmest!"

Am nächsten Morgen empfand Israhel eine tiefe Erleichterung, und von da an stach er tatsächlich nur noch Bilder, die der Andacht und Erbauung dienten. Er nahm sich auch Werke anderer Künstler zum Vorbild und arbeitete diese auf das Genaueste nach. Niemals aber würde er sich noch einmal an ein weltliches Thema wagen, so schwor er sich.

Lange Zeit ging das so. Dann aber machte sich Unzufriedenheit in Israhels Herzen breit.

„Niemand wird sich später meines Namens erinnern", sprach er eines Tages zu seiner Frau. „Alle werden meine Arbeiten für die Dürers oder Schongauers halten."

„Aber du weißt doch, nur der gelangt in den Himmel, der auf Erden bescheiden gelebt hat!", sagte Ida. „Willst du denn in der Hölle enden?", mahnte sie, ohne zu ahnen, wie nahe dieser Ausspruch der Wahrheit doch kam.

Israhel zuckte bei ihren Worten erschrocken zusammen. „Du hast ja Recht", murmelte er leise und besann sich, bildete

weiterhin den Herrn Jesus und die Mutter Gottes ab. Doch immer wieder ertappte er sich dabei, dass sein Blick abschweifte, und er mit den Gedanken nicht bei der Sache war.

„Ach, bin ich doch ganz anderer Werke fähig!", murrte er vor sich hin.

Und einmal reiste er in die Niederlande und bekam dort ein Gemälde zu Gesicht, das ein Tanzfest darstellte. Kaum bekleidete Damen waren da zu sehen, und das ganze Treiben war so unziemlich, dass es dem Israhel die Schamesröte auf die Wangen trieb. Aber so sehr er sich auch bemühte, das Gemälde aus dem Gedächtnis zu verbannen, es gelang ihm nicht.

Heimlich machte er sich daran, das Tanzfest als Stich nachzubilden. Der Griffel glitt wie von selbst über das Kupfer, und innerhalb kürzester Zeit war das Bild vollendet. Israhel war selbst überrascht, wie gut es ihm gelungen war, und konnte er sich gar nicht daran satt sehen. Es vergingen zwei Tage, in denen er von Stolz erfüllt in seiner Arbeitsstube saß und für niemanden zu sprechen war; nicht einmal Ida durfte zu ihm kommen.

Am dritten Tage jedoch hielt Ida es vor Ungeduld nicht aus. Sie öffnete die Tür, und Israhel saß in seinem Stuhl. Und erst als sie ihn an der Schulter berührte, da merkte sie, dass er gestorben war.

Später gab es welche, die gehört haben wollen, wie ein schauerliches Lachen durch die Gassen schallte, und so wurde gemunkelt, dass sich der Teufel seine versprochene Seele geholt hat.

Die weiße Dame von Pröbsting

Lange ist es her, da lebten Raubritter auf Haus Pröbsting nahe Borken. Diese waren bis weit über die Stadtgrenzen hinaus gefürchtet, ja, ihr schrecklicher Ruf eilte im Osten bis Münster, im Süden bis hinunter zur Lippe und im Westen bis nach Holland hinein. Selbst am helllichten Tage war keine Kutsche vor ihnen sicher. Und weigerten sich die Kutscher anzuhalten, so nützte ihnen das gar nichts, im Gegenteil, die Raubritter stoppten sie und hängten sie am nächsten Baum auf. Die Reisenden wurden zum Aussteigen gezwungen und nicht nur, dass man ihnen den gesamten Wertbesitz abnahm, nein, die Raubritter machten sich noch einen Spaß daraus, sie zu verhöhnen und zu demütigen. So entwendeten sie ihnen die Kleidung und sogar die Schuhe, und winters fand man so manchen Adligen erfroren am Straßenrand.

Wie ein Rudel tollwütiger Hunde machten sie sich über die Dörfer und Städte her, und sie nahmen alles, was auch nur in irgendeiner Weise von Wert war. Sie trieben die Menschen von den Höfen und wer es wagte, sich zur Wehr zu setzen, der wurde schnell einen Kopf kürzer gemacht. Sogar die Kaufmannsschiffe, die mit allerlei Gütern beladen auf der Lippe unterwegs waren, wurden von ihnen bestohlen. Nichts und niemand blieb vor den gefürchteten Raubrittern sicher, denn in ihrer Gier kannten sie keine Gnade.

So kam es, dass die vormals prächtige Gegend zusehends verarmte. Die Menschen waren voller Angst, und ein jeder berichtete dem anderen von den neuesten Schreckenstaten der Pröbstinger Raubritter. Und allmählich begann es im Volk zu gären.

Voller Verzweiflung wandte man sich an die Adligen im Lande, um sie um Unterstützung zu bitten, und tatsächlich, es

wurde ihnen ein Ritterheer zugesandt. Zugleich hatten sich die kräftigsten und tapfersten der Landburschen zusammengetan, und gemeinsam mit den Rittern schickten sie sich an, den räuberischen Pröbstingern den Garaus machen. Und so traf denn der ganze Tross mit Fahnen und Wimpeln beim Haus Pröbsting ein.

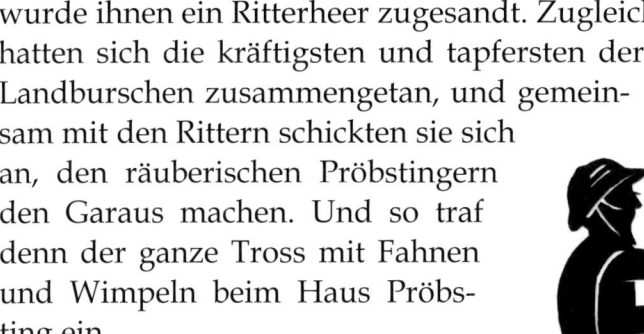

Die Raubritter aber hielten die Zugbrücke hochgezogen und lachten.

„Wie lange wollt ihr ausharren?", rief der Anführer der Raubritter. „Ihr sollt euch wohl von Blattwerk und Käfern ernähren!", spottete er. Schließlich waren auf der Burg Speisen in Hülle und Fülle vorhanden, und wenn auch die Burschen aus dem Volk in der Überzahl waren, so konnten sie doch nicht die Festung stürmen, solange die Brücke nicht heruntergelassen war.

Dennoch ließen sich die Belagerer nicht entmutigen.

„Eines Tages werden sie wieder auf Beutezug gehen, ganz gewiss!", so sagten sie sich und übten sich derweil im Bogenschießen und Schwertkampf.

Die Gemahlin des gefürchteten Anführers aber sah von ihrem Gemach aus den jungen Männern zu. Und einen

erblickte sie unter ihnen, der war ein edler Ritter, und ihn hatte sie schon einmal bei einem Festmahl gesehen. Er überragte die anderen um ein gutes Stück und sein Haar glänzte in der Sonne wie pures Gold. Seine Bewegungen glichen denen eines anmutigen Pferdes.

Noch während sie dem Ritter zusah, zog sich ihr Herz vor plötzlicher Begierde zusammen.

„Ich muss ihn haben!", dachte sie bei sich und überlegte, wie sie es anstellen könnte, ihn heimlich zu treffen.

Drei Tage lang verließ sie ihr Gemach kaum. Immerzu sah sie zu dem Ritter, und von Tag zu Tag wuchs ihr Verlangen nach ihm. Und natürlich hatte dieser die Blicke der Burgherrin längst bemerkt und war ihm die Schönheit des blassen Gesichtes nicht entgangen. Und wann immer er sich von den anderen unbeobachtet fühlte, so lächelte er zu der Schönen hinauf.

Als er sich eines Abends mit entblößtem Oberkörper über die Gräfte beugte, um sich zu waschen, da fiel vor ihm etwas mit lautem Plumps ins Wasser. Rasch blickte er sich um. Nein, niemand schien etwas bemerkt zu haben, und er fischte nach dem irdenen Krug, der eine Armeslänge von ihm entfernt auf dem Wasser trieb. Er war mit Wachs verschlossen. Der Ritter

schüttelte ihn und hörte einen dumpfen Ton. Und als er zu den Zinnen hochblickte, verschwand das ebenmäßige Gesicht gerade vom Fenster. Den Krug in der Hand ging er also zum Lager zurück. Dort öffnete er neugierig das Gefäß, und fand er darin ein Stück Pergament, darauf eine Botschaft von der Burgherrin stand.

Diese erwartete voller Ungeduld die Nacht. Die Raubritter hatten gut gespeist und kräftig dem Bier zugesprochen, und so kam es, dass ihr Gemahl bereits laut schnarchte, als die Dunkelheit einbrach. Der Mond war als schmale Sichel kaum zwischen den Buchen zu sehen, daher war die Nacht noch finsterer als sonst. Lautlos schlüpfte die Burgherrin in ihr feinstes Gewand, flocht Bänder in das dichte, lange Haar und huschte die Treppen hinab. Sie durchquerte den Hof, und als sie am Torhaus angelangte, blickte sie sich noch einmal um. Die Burg lag still da, und sie begann vorsichtig, die Zugbrücke herunterzulassen. Stück um Stück senkte sich die Brücke und endlich, endlich gelangte sie an das große Tor. Sie zerrte an dem Riegel. Gleich würde sie der geliebte Ritter in seine Arme schließen, dachte sie mit Herzklopfen. Ein lautes Quietschen erklang, und das Holz sprang zur Seite.

Aber kaum hatte sie einen Fuß auf das Land gesetzt, da blickte ihr das gesamte Heer mit erhobenen Schwertern entgegen! Und noch während die Burgherrin vor Entsetzen schrie, hatten die Ritter schon die Burg gestürmt. Es war ein Leichtes, die Raubritter zu überwältigen. Schlaftrunken wie sie waren, leisteten sie keinen Widerstand, und so wurden sie allesamt auf den Hof geführt und gefangen genommen.

Der auserwählte Ritter aber ritt zu der Burgherrin zurück, tröstete die weinende Frau und brachte sie zum Lager, damit sie in Sicherheit wäre. Dann kehrte er zu seinen Leuten zurück und befahl, die Raubritter an den Buchen aufzuhängen, die die die Landstraße säumten. Jeder Reisende würde so schon

von Ferne die baumelnden Körper sehen und erleichtert seine Reise fortsetzen können.

Der edle Ritter aber nahm die Burgherrin mit zu seinem Hofe, und schon drei Tage später heirateten die beiden. Man feierte ein großes Fest, und es war bereits spät, als sich das Brautpaar in sein Gemach zurückzog. Gerade wollte die Frau die Bänder ihres weißen Nachthemdes lösen, da wehte ein eisiger Hauch in das Zimmer. Die Braut stand da und ihre Beine waren wie festgefroren. Und plötzlich erschien in der geschlossenen Türe ihr verstorbener Gemahl. Finster blickte er auf sie hinab, ein böses Funkeln in den Augen. Da stieß die Braut einen Schrei aus und sank leblos zu Boden.

Der gefürchtete Raubritter aber packte ihren schwindenden Geist und bemächtigte sich seiner, und so rasch wie er gekommen, war er auch schon wieder durch die Nacht entschwunden.

Der entsetzte Bräutigam trommelte die noch immer Feiernden zusammen, und gemeinsam lief man zur Burg, aber siehe da, die Leiche des Raubritters baumelte noch immer an der Buche, zusammen mit den anderen.

Von der Burgherrin jedoch erzählt man, dass ihr Geist für immer dort gefangen gehalten wird. Nacht für Nacht muss sie zur Strafe für ihren Verrat an den Raubrittern vor der Burg spuken. Und wer sich zwischen zwölf und eins in der Gegend aufhält, der hört ihren wimmernden Klageruf und sieht ihr weißes Gewand zwischen den Bäumen leuchten.

Der Schimmelreiter

Einst lebte auf Burg Gemen der tolle Graf Styrum. Mit vollem Namen hieß er Hermann Otto II. von Limburg-Styrum und war ein Spross der bedeutendsten Dynastie im Münsterland, welche sich bis auf den Herzog Widukind zurückführen lässt.

Dieser Graf Styrum war weithin als wilder Reiter bekannt, der die längsten Strecken in schier atemberaubender Geschwindigkeit zurücklegte. Tollkühn preschte er auf seinem Schimmel davon, so dass der Staub hinter ihm nur so aufflog, und niemanden gab es, der ihn hätte einholen können. Er selbst hatte daran einen Heidenspaß. Laut lachte er, wenn ihm der Wind um die Ohren pfiff und seine Haare flatterten. Oftmals sah man ihn auf seinem Pferde auf dem Kirchplatz zu Borken, und sobald die Turmuhr zwölf zu schlagen begann, galoppierte er drauflos, und gleichzeitig mit dem letzten Glockenschlag erreichte er seine Burg in Gemen!

Und noch heute erzählt man sich von den Festen, die einst in den Sälen der Burg gefeiert wurden.

Die Musik schallte weit in die Gegend hinaus, überall brannten goldene Lüster und flackerte das Feuer, und auf großen, silbernen Platten trug man ganze Schweine herbei. Dazu floss der Wein im Übermaß, und die Gäste und allen voran der Graf wurden nicht müde, tranken und lachten, bis sich die ersten hellroten Streifen am Himmel zeigten.

In dem kleinen Wäldchen nahe der Burg hatte sich der tolle Graf sogar ein Lusthäuschen bauen lassen. Darin trieb er es noch wilder, glaubte man, was die Leute hinter vorgehaltener Hand munkelten.

Es war jedenfalls kein Wunder, dass der Graf ganze Säcke voll Gulden verprasste und niemals mit dem Geld auskam, so

sehr er auch seine Untertanen ausbeutete, ihnen Steuern und Lasten abknöpfte, wo er nur konnte. Das Geld zerrann unter seinen Händen und es war abzusehen, dass das ausschweifende Leben bald ein Ende haben würde, wenn nicht ein Wunder geschähe.

So begann der Graf zu grübeln, und eines Nachts fand er vor lauter Nachdenken keinen Schlaf. Er wanderte durch sein Wäldchen und sprach leise vor sich hin.

„Wie kann ich es bloß anstellen?", murmelte er wieder und wieder und stapfte fest mit den Füßen auf.

„Was überlegt Ihr da?", vernahm er plötzlich eine Stimme hinter seinem Rücken.

Er fuhr herum, und da stand, gelehnt an den Stamm einer alten Eiche, eine hagere Gestalt. Der Graf blinzelte und gewahrte einen eleganten Herrn, der von Kopf bis zu den Füßen in dunklem Samt gekleidet war.

„Wer seid Ihr?", sprach er und runzelte die Stirn.

„Oh, Ihr kennt mich nicht?", fragte der Herr. „Nun denn, man nennt mich wohl den Teufel, und ich weiß, dass Euch die Geldnöte den Schlaf rauben."

„Das pfeifen schon die Spatzen von den Dächern. Um das zu wissen, müsst Ihr nicht der Teufel sein!"

„Nun denn, glaubt es oder nicht." Der Teufel zuckte mit den Achseln und lächelte. Und dieses Lächeln schien in der Tat so diabolisch, dass der Graf nun doch glaubte, den Leibhaftigen vor sich zu haben.

„Ich kann Euch zu soviel Geld und hohen Ehren verhelfen, wie Ihr nur wollt", sprach der Teufel weiter.

„Und? Was muss ich dafür tun?", fragte der Graf und sein Herz begann schneller zu schlagen.

„Es ist nicht viel, gemessen an dem, was Ihr erhaltet. Bedenkt nur, Geld satt und Ansehen, wo Ihr auch nur erscheinen werdet! Ihr könnt jede Nacht die tollsten Feste feiern, die schönsten

Frauen werden in Eure Gemächer kommen, und der Wein in Eurem Glase wird niemals zur Neige gehen."

Dem Grafen glänzten schon die Augen vor Gier, doch noch immer zwang er sich zur Vorsicht. „Nun sagt schon, was verlangt Ihr für all dies?"

„Nun, hört zu! Sobald Ihr das höchste Amt erreicht habt, so sollt Ihr Euch dessen ein Jahr und einen Tag erfreuen. Dann aber wird es Zeit, mir Eure Seele zu überlassen."

Der Wind peitschte dunkle Wolken vor sich her, es war weder der Mond, noch ein einziger Stern zu sehen, und so blieb das Gesicht des Teufels von Schatten verborgen. Der Graf blickte sich im Wald um und schien zu überlegen, aber im Herzen hatte er seine Entscheidung längst getroffen.

„So soll es denn sein", sprach er.

Daraufhin reichte ihm der Teufel Papier und Feder.

„Unterschreibt mit Eurem eigenen Blute!", verlangte er, und der Graf nahm sein Schwert und schnitt in sein linkes Handgelenk. Dann tunkte er die Feder ins Blut und unterzeichnete mit seinem Namen. Und im nächsten Augenblick war der Teufel verschwunden.

Am Horizont zeigten sich die ersten hellen Streifen und benommen wankte der Graf zurück in seine Burg, zog sich in sein Gemach zurück und versank in tiefen Schlaf. Und als er am nächsten Morgen erwachte, da schien es ihm, als wäre all das, was nächtens geschehen war, bloß ein eigentümlicher Traum gewesen.

Aber es war doch erstaunlich: Von dem Tage an wich ihm das Glück nicht mehr von der Seite. Er führte das ausschweifendste, üppigste Leben, ja, er warf das Geld mit vollen Händen zum Fenster hinaus, und doch blieben seine Taschen stets gefüllt.

Und es kam noch weitaus besser: Während sich die hohen Herren der Gesellschaft sonst über den Grafen amüsiert und

bisweilen gar die Nasen gerümpft hatten, so war er auf einmal überall gern gesehen, ohne dass es dafür eine vernünftige Erklärung gegeben hätte. Es dauerte gar nicht lange, da ernannte ihn der Kaiser zum General über sein Kriegsvolk und zu seinem Kammerherrn, und von da an weilte er fast ständig am kaiserlichen Hofe in Wien, wo er ein durchaus angenehmes Leben führte.

Nachdem der Graf nun schon fast ein Jahr lang die Ehren genossen hatte, wurde er eines Nachts aus dem Schlaf gerissen. Heftig wurden nämlich die Vorhänge von seinem Bette zurückgezogen, und als der Graf sich aufrichtete und die Augen rieb, da erkannte er den Teufel vor sich auf dem Kissen.

„Ihr denkt doch noch an unseren Pakt?", erinnerte ihn dieser. „Es wird Zeit, Euch für die Höllenfahrt bereit zu halten!"

Der Graf nickte rasch. Doch, doch, natürlich denke er noch an sein Versprechen, sagte er eilig. Aber die Angst griff nach seinem Herzen, und als der Teufel fort war, da wälzte sich der Graf zwischen den Decken hin und her. Fieberhaft überlegte er, wie er dem Teufel entwischen könnte. Es musste doch eine Möglichkeit geben!

Es wurde Morgen und endlich, endlich hatte er eine Idee: Auf dem Wege von Gemen nach Wien war er durch den oberbayrischen Ort Altötting gekommen, und dieser war ein berühmter Gnadenort der Muttergottes. Wer dorthin kam und um Schutz bat, der wurde nicht verstoßen, so hieß es, und dort würde er Buße tun und somit dem Teufel entkommen.

Sofort sprang er aus dem Bett und eilte zum Kaiser. Hastig erklärte er, er müsse sofort zu seiner Burg nach Gemen zurück, und sogleich bestieg er sein Pferd und verließ Wien. Er trieb dem Schimmel die Sporen in den Leib und jagte davon, ja, ritt er doch selbst wie der Teufel, und niemand, niemand würde ihn einholen können.

So glaubte er wenigstens.

Der Teufel aber fluchte laut, als er die Flucht des Grafen bemerkte. Und machte sich auf, ihm nachzuspüren.

Der Graf ritt Tag und Nacht und er hatte schon fast Altötting erreicht, als der letzte Tag des vereinbarten Ehrenjahres zu Ende ging. Schon sah er die Mauern der Stadt am Horizont aufragen und wollte gerade erleichtert aufatmen, da stieg ihm ein ekelerregender Geruch in die Nase. Er klammerte sich an die Mähne seines Schimmels und drehte sich um, und er sah einen schwarzen, zotteligen Hund, der in rasender Eile näher kam. Das Tier war wohl so groß wie ein Kalb und seine gelben Augen funkelten. Der Graf erschrak, war ihm doch klar, wer sich in dieser Gestalt verbarg, und noch heftiger zwang er sein Pferd vorwärts. Wie schnell er aber auch ritt, der Hund kam näher und näher und der Gestank wurde immer stärker. Und genau in dem Augenblick, da die Kirchturmglocke von Altötting den ersten Schlag der zwölften Stunde läutete, sprang der schwarze Hund auf den Rücken des Grafen und riss ihn vom Pferde.

So ungefähr muss es sich zugetragen haben, denn erst am nächsten Morgen fand man den Grafen vor den Toren der Stadt. Der Hals war ihm umgedreht worden, sodass ihm das Gesicht nach hinten stand. In der Wange klaffte eine tiefe Bisswunde. Der Schwurfinger der rechten Hand aber und die Zunge des Grafen waren kohlrabenschwarz.

Ferner wird erzählt, dass über dem Ort noch lange ein fauliger, schwefeliger Geruch lag.

Noch heute kann man den Grafen in stürmischen Nächten klagen hören. Wenn nämlich auf dem Hause Gemen die zwölfte Stunde schlägt, dann streift er durch den Sternenbusch und kommt zu seinem Lusthäuschen. Dort jammert er und weint, und bereut zutiefst, was er getan hat.

Der unerschrockene Offizier zu Raesfeld

Im westlichen Münsterland, nahe der Grenze zu Holland, erhebt sich stolz das Schloss Raesfeld mit seinem weithin sichtbaren Turm. Heute befindet sich in den Räumen die Akademie des Handwerks, aber es ist noch nicht lange her, da nisteten Raben im Dachgebälk, und in den Prunksälen tummelten sich die Ratten. Zu dieser Zeit marschierte ein Offizier durch den Wald. Seine Stiefel waren nur noch zerschlissene Lederstreifen, die ein paar Schnüre zusammenhielten, die Sohlen völlig durchlöchert. Seine ehemals schmucke Uniformjacke hing ihm in Fetzen über der Schulter, und seine Abzeichen waren kaum noch zu erkennen. Nach der letzten Schlacht war er als einziger übrig geblieben, verwundet, aber doch kräftig genug, um sich auf den Heimweg zu machen. Und so wanderte er nun schon viele Wochen, nein, sogar Monate. Nur manchmal begleitete ihn irgendein Hund ein Stück des Weges, und so sprach er aus Einsamkeit zu den Bäumen, den Gräsern, den Steinen. Wurde es Nacht, legte er sich zum Schlafen ins Moos, und gleich in der Morgendämmerung marschierte er weiter. Er aß Beeren, die er fand, mal erlegte er ein Kaninchen und briet es über dem Feuer, die meiste Zeit aber plagte ihn der heftigste Hunger.

So durchwanderte er eines Tages auch den Dämmerwald südlich von Raesfeld. Kaum ein Sonnenstrahl drang durch die dichten Baumkronen und der unebene Pfad war mehr zu erahnen denn zu erkennen. Das Dämmerlicht ermüdete den Offizier, und so beschloss er, eine kurze Rast einzulegen. Kaum lag er ausgestreckt unter einer Eiche, als ein alter Mann des Weges kam. Ein Bündel Reisig lastete schwer auf seinem Rücken, so dass er gebückt gehen musste, und doch war er erstaunlich flink.

Der Offizier richtete sich auf, froh, nach all den einsamen Tagen einen Menschen zu Gesicht zu bekommen.

„Einen schönen guten Tag, alter Mann!", rief er.

Der Alte blinzelte, erwiderte den Gruß eilig und schickte sich an, schnell an dem Offizier vorbeizukommen.

„Halt ein! Ich habe so lange mit niemandem gesprochen. Willst du mir nicht ein wenig Gesellschaft leisten?", fragte der Offizier.

Zögernd blickte der Alte über die Schulter. „Es ist kein guter Platz zum Verweilen", brummte er und wischte sich mit einem Tuch über die Stirn.

„Tatsächlich habe ich schon auf weicheren Böden genächtigt", sagte der Offizier.

„Nein, nein. Das meine ich nicht", antwortete der Alte und trat von einem Fuß auf den anderen. „Es ist nur ..., diese Gegend ist nicht geheuer. Und nun lass mich vorbei!"

„Willst du etwa sagen, dass es hier Gespenster gibt?" Der Offizier begann, schallend zu lachen.

Der Alte zuckte zusammen und legte die Finger an die Lippen.

„Ich wollte schon immer die Bekanntschaft eines leibhaftigen Gespenstes machen!", rief der Offizier.

„Spotte nicht! Unweit von hier befindet sich das verlassene Schloss, und ich sage dir, da spukt es wirklich."

„So ein Weibergeschwätz!"

„Na, dann lass es gut sein. Und da fällt mir ein, mein Weib wartet daheim mit den Kartoffeln!"

„Bleib noch einen Moment!", bat der Offizier. „Tu mir den Gefallen und erzähl mir die Geschichte! Ich verspreche auch, nicht mehr zu lachen!" Treuherzig blickte er den Alten an.

Dieser tat einen tiefen Seufzer und nahm das Bündel vom Rücken. Sodann ließ er sich auf den moosigen Grund sinken. „Also gut ...", begann er, „einst lebte im Schloss eine reiche

und angesehene Grafenfamilie. Der jüngste Sprössling, er war gerade sechs Jahre alt, bekam eines Abends sehr hohes Fieber und man schickte nach dem Arzt. Der soll wohl gekommen sein, aber der Junge war daraufhin verschwunden. Überall im Schloss haben sie nach ihm gesucht. Der Kleine liebte es nämlich, verstecken zu spielen, doch diesmal war es kein Spiel: Er blieb verschwunden. Der Graf war untröstlich. Er glaubte, sein Sohn wäre in den Wassergraben gefallen und jämmerlich ertrunken. Aber dann entdeckte man diesen merkwürdigen Riss in der Wand. Und als sie die Wand niederrissen, fanden sie den toten Jungen dahinter."

„Tote entsetzen mich nicht", sagte der Offizier schulterzuckend.

„Das ist nicht alles. Daraufhin begann erst der Spuk. Nachts polterten Schritte auf den Treppen, und es klangen fürchterliche Schreie durch das Schloss. Aber niemals war etwas zu sehen. Die Familie verließ das Schloss, einzig die Wirtschafterin blieb, zusammen mit ihrer Tochter. Eines Abends saßen sie in der Küche beim Feuer, da zuckte die Flamme, wurde größer und größer, und schließlich trat eine Gestalt daraus hervor, die war so schauerlich, dass die gute Frau mitsamt Kind auf der Stelle floh und nie wieder einen Fuß in das Schloss gesetzt hat. Inzwischen verfällt es. Der Westwind letzten Herbst hat den Mauern und Schornsteinen arg zugesetzt."

„Das kommt mir gerade recht. Womöglich wartet da noch die wohl gefüllte Speisekammer auf mich."

Der Alte schüttelte den Kopf. „Du bist von Sinnen! So mancher ist schon da hinein- und nie wieder herausgekommen!"

„Wer weiß, vielleicht brät mir das Gespenst ja ein Wildschwein?", lachte der Offizier und leckte sich die Lippen.

„Sag nicht, ich hätte dich nicht gewarnt", brummte der Alte und nahm sein Bündel Reisig. Darauf verschwand er im dichten Wald.

Der Offizier war die Waldbeeren gründlich leid, und so ließ ihn der Gedanke an die Speisekammer nicht los. Er setzte seinen Weg in Richtung Norden fort. Der Wald wurde dichter und dichter und bald brach die Nacht herein. Unerschrocken setzte er einen Fuß vor den anderen, bis vor ihm der düstere Turm des Schlosses aufragte.

Die morsche Brücke ächzte unter seinen Schritten, als er den Wassergraben überquerte. Der Himmel war schwarz, kein Stern zu sehen, und nur der Mond leuchtete als schmale Sichel über den Zinnen und spiegelte sich im Wasser. Im Schlosshof hatten ein paar Hühner geschlafen. Erschrocken und laut schimpfend flatterten sie davon.

Lächelnd nahm der Offizier wohl ein halbes Dutzend Eier an sich. „Wenn das kein gutes Zeichen ist", murmelte er.

In der Dunkelheit wirkte das Schloss wirklich nicht gerade einladend. In den Mauern klafften Löcher, und als der Offizier mit den schweren Stiefeln gegen die Tür trat, wich diese mit einem schauerlichen Quietschen zurück. Leuchter mit halb herabgebrannten Kerzen hingen an den Wänden. Die Schritte des Offiziers hallten laut durch die Säle, während er Tür um Tür öffnete.

Endlich kam er in die Küche. Der Tisch war gedeckt, Becher, Teller, Löffel und eine Schüssel lagen zerbrochen auf dem Boden. In den Holzregalen fand er Bütten voll Grießmehl.

„Pfannkuchen", dachte der Offizier, und sein Magen knurrte laut. „Pfannkuchen!" Vor Hunger schwindelte ihm. Er zündete Feuer im Herd, nahm die gusseiserne Pfanne vom Haken und rührte aus Hühnereiern und Mehl einen Teig an.

Aber ungeübt wie er war, verbrannte ihm der erste Pfannkuchen. Der Kamin über dem Herd ließ den Rauch nicht abziehen, und sogleich war die Küche voller Qualm. Der Offizier begann zu husten und Tränen stiegen ihm in die Augen. Er packte den Schürhaken und stocherte damit im Kamin herum.

Ein Ratschen, ein lautes Krachen und – in die Pfanne flog ein menschliches Bein!

Der Offizier blickte nur einmal kurz darauf, dann schleuderte er die Pfanne mitsamt Pfannkuchen und Bein zu Boden. Er goss neuen Teig in eine andere Pfanne – und dann plumpste das zweite Bein hinein!

Jetzt wurde der Offizier ärgerlich. „Verflixt und zugenäht! Pfannkuchen will ich, von Haxenbraten war nie die Rede!", brüllte er in den Kamin. Wieder warf er Pfanne und Bein fort und begann erneut. Aber jedes Mal, wenn er Teig in die Pfanne goss, plumpste ein Körperteil dazu. Arme, Rumpf und schließlich ein Kopf. Und prompt stand ein fertiger Mann hinter ihm.

Nun schnappte der Offizier doch nach Luft. Der Mann überragte ihn um mindestens zwei Köpfe und seine Schultern waren so breit wie die Tür. Sein roter Bart wuchs ihm bis auf die Brust.

Nach dem ersten Schrecken fand der Offizier seinen Mut wieder. „Wenn du Pfannkuchen willst, gedulde dich einen Moment!"

„Hol den Spaten!", sagte der Mann mit rauer Stimme. Seine buschigen Augenbrauen waren dicht zusammengezogen und sein Blick durchdringend.

„Sonst bin ich der, der die Befehle erteilt", dachte der Offizier, beschloss aber, der Erscheinung auf den Hof zu folgen. Dort fand er den Spaten neben allerlei Gerümpel.

„Und nun grabe!", befahl ihm der Mann und zeigte auf eine leicht abschüssige Stelle hinter dem Schloss.

Der Offizier tat, wie ihm geheißen. Schweiß trat ihm auf die Stirn, und allmählich bedauerte er, dem Gerede des Alten nicht mehr Glauben geschenkt zu haben.

„Ich heb doch wohl nicht mein eigenes Grab aus?", fragte er. „Dann wirf mich lieber in den Wassergraben, da kann ich mir die Arbeit sparen!"

Aber der Mann sah schweigend und ungerührt zu, wie der Offizier schaufelte. Am Horizont zeigte sich bereits das zarte Rosa des neuen Tages, und der Offizier schwitzte so sehr, dass seine Jacke ganz nass wurde.

Plötzlich ertönte ein helles Pling, die Schaufel stieß auf etwas Hartes.

Der Offizier grub rasch weiter und eine Kiste kam zum Vorschein. Keuchend zog er sie auf den Hof. Der Deckel war schwer, aber dann schnappte er doch zur Seite, und – die Kiste war bis oben hin mit Gold gefüllt! Überall funkelte und glänzte es.

„Ein Drittel für das Krankenhaus, ein Drittel für die Kirche und ein Drittel für dich, weil du so unerschrocken bist!", sagte der Mann und war plötzlich verschwunden.

Der Offizier aber lebte noch lange als reicher Mann in dem Herrenhaus, das er sich am Ortsrand von Raesfeld bauen ließ.

Die drei geflügelten Tiere

In Haltern lebte einst ein Mann namens Scheffer, welcher mit irdenen Töpfen handelte. Eines Morgens, die Sonne war gerade erst aufgegangen und die Luft noch kühl, da schulterte der Scheffer seine Waren und machte sich auf, sie in einer anderen, weit entlegenen Ortschaft feilzubieten. Der Weg führte ihn über Bäche, durch Wiesen und dichte Wälder, und als er ungefähr eine Stunde gegangen war, da geschah es, dass ihm plötzlich drei unheimliche Gestalten entgegentraten. Der Scheffer, der so ganz in seinen Gedanken versunken war, stockte, und dann begann ihm das Herz wild in der Brust zu hämmern. Er glaubte seinen Augen nicht zu trauen, was ihm da den Weg versperrte, aber so sehr er auch blinzelte, es blieb wie es war: standen drei große Tiere mit Flügeln auf den Rücken! Niemals zuvor hatte der Topfhändler etwas Ähnliches gesehen.

Und noch während der Scheffer mit offenem Mund verharrte, begannen die Tiere mit ihm zu sprechen.

„Guter Topfhändler, wir bitten Euch um Hilfe!", wimmerten sie und ihre Stimmen klangen schrill dabei.

Der Scheffer musste sich am nächsten Baum festhalten, um nicht umzufallen, ja, zitterten doch seine Beine ganz fürchterlich. Vielleicht, so überlegte er, waren es Drachen. Erzählte man nicht von Drachen, dass sie die menschliche Sprache annehmen konnten, um arme Wanderer in die Irre zu führen? Voller Angst blickte sich der Topfhändler um, aber weit und breit entdeckte er keine Menschenseele, die ihm hätte beistehen können. Im Wald war es merkwürdig still. Kein Vogel, der gezwitschert hätte, nicht einmal das Klopfen des Spechtes war zu hören.

„Helft uns, helft uns!", jammerten die Tiere, und ihr Geheul schallte grauslich in den Ohren des Topfhändlers. Speichelfä-

den liefen aus ihren geöffneten Mäulern, und im Sonnenlicht blitzten und funkelten die Zähne.

Dem Scheffer wurde ganz schwindelig vor Angst, und so rief er: „Ich tue alles für euch, wenn ihr mir bloß mein Leben lasst!"

„So höre gut zu!", sprachen die Tiere. „Zu Lebzeiten haben wir ein Gelübde getan, und zwar in der Anna-Kapelle unweit Haltern, einige Pfund Flachs und Wachs zu opfern. Es ist aber geschehen, dass wir verstorben sind, ohne unser Versprechen gehalten zu haben, und nun seht, was aus uns geworden ist!" Verzweifelt hoben sie ihre Klauen und schwenkten sie dem Scheffer vor dem Gesichte herum. „Finden wir doch keine Ruhe und müssen in dieser schrecklichen Gestalt umgehen, bis dass ein guter Mensch das Gelübde für uns erfüllt. Helft uns, guter Topfhändler, habt Erbarmen!"

Und wie sie so jammernd und heulend dastanden, die Köpfe geneigt und die Augen flehend auf den Scheffer gerichtet, da bekam dieser Mitleid mit den Kreaturen.

„Seid beruhigt, ich werde das Gelübde für euch erfüllen!", versprach er.

Sogleich erstarb das Gewimmer, und die geflügelten Untiere richteten sich auf. „Aber sag uns, wie können wir wissen, ob es euch Ernst ist?", fragten sie. „Gebt uns ein Zeichen, damit wir sicher sein können, dass wir Euch trauen können!"

Und als der Topfhändler überlegte, was es wohl mit dem Zeichen auf sich haben könnte, da begannen die Tiere erneut mit dem schaurigen Gewimmer.

„Haltet ein, haltet ein!", rief er aus und begann fieberhaft in seinen Taschen zu kramen. Neben den Töpfen hatte er nichts als ein Taschentuch dabei, wenngleich auch ein sehr schönes mit Monogramm, das einst seine Großmutter gestickt hatte. Dieses Tuch zog er hervor, fasste es mit beiden Händen und wedelte damit vor den Bäuchen der Tiere.

„Nehmt das Taschentuch als Zeichen meiner Ehre!"

Die Tiere verstummten und beugten sich tief über das Tuch. Und wie sie so nah herantraten, dass der Scheffer ihre heißen Atemstöße auf der Haut spürte, da packte ihn die Angst am Kragen, und er wollte auf der Stelle kehrtmachen und fortlaufen.

Da aber schossen Flammen auf! Hatten die Tiere doch in den Stoff gebissen und dort, wo sich ihre Zähne eingegraben hatten, da brannte das Tuch. Und in diesem Augenblick war es, da fiel dem Scheffer ein, was man ihm seit frühster Kindheit eingeschärft hatte, und sprang er zurück. Hatte er tatsächlich die wichtigste Regel im Umgang mit Geistern vergessen! Er hätte sagen müssen: „Bleibt drei Schritte von mir entfernt!", und nun, da er nicht daran gedacht hatte, drohte ihm sicherlich das Schlimmste.

Voller Entsetzen blickte der Scheffer auf seine Hände, in denen er noch den Rest des Taschentuches hielt, doch die Haut war wie durch ein Wunder unversehrt. Und als er nun den Blick hob, da waren die drei geflügelten Tiere verschwunden. Er wollte schon erleichtert aufatmen, aber da spürte er, wie ihm eine schwere Last auf den Rücken sprang und ihn beinah zu Boden drückte.

„Ach, ich Dummkopf! Hätte ich doch nur an die Regel gedacht!", schalt er sich und machte er sich wehklagend auf den Weg zurück nach Haltern. Seine Topfwaren musste er im Wald zurücklassen, war das Gewicht auf seinen Schultern doch schon Belastung genug. Vornübergebeugt schleppte er sich voran, ja, er kroch fast, und von Schritt zu Schritt wurde ihm die Last schwerer.

„Ach, hätte ich mich doch niemals auf diesen Handel eingelassen!", jammerte er. „Bis an mein Lebensende werden sie mir nun auf dem Rücken sitzen und ihren Spaß mit mir treiben!"

Es war schon spät am Tage, als der Scheffer endlich die Anna-Kapelle erreichte. Dort lebte auch der Küster mit seiner

Familie, und mit letzter Kraft klopfte der Topfhändler an die Türe. „Öffnet mir! Ich brauche Flachs und Wachs. So öffnet mir doch!", stieß er mit letzter Kraft hervor.

Und zum Glück war der Küster daheim, und der Scheffer konnte die verlangten Dinge von ihm kaufen.

Sodann brachte er alles in die Kapelle, legte es vor dem Altar ab und warf sich selbst daneben. Aber kaum hatten die Dinge den Boden berührt, da begannen die Flammen der Kerzen zu flackern, mit einem Mal war die ganze Kapelle in helles Licht getaucht. Und als der Scheffer staunend den Kopf hob, da spürte er, wie die Last von seinem Rücken glitt und er sich befreit fühlte. Im gleichen Augenblick erklang ein leises Rauschen und Summen, und dem Scheffer war, als hörte er die Stimmen der geflügelten Tiere heraus, ja, als jubelten sie und bedankten sich bei ihm. Darauf schwanden ihm die Sinne und er kam erst am nächsten Morgen wieder zu sich. Er fühlte sich kräftiger als je zuvor und konnte sich erneut auf den Weg machen, die Töpfe zu holen und wieder seinen Geschäften nachzugehen.

Die ungeweihte Glocke

Vor langen Jahren wurde zu Dülmen auf dem Kirchturme eine neue Glocke aufgehängt. Der Pfarrer war mächtig stolz, und eine große Schar Gläubiger hatte sich auf dem Kirchplatze versammelt, das schmucke Teil zu bestaunen. Wunderbar war die Glocke im Sonnenlicht, und so manchem blieb vor Ehrfurcht der Mund weit offen stehen. Es war aber wohl ein furchtbares Missgeschick geschehen, denn der Pfarrer hatte es versäumt, dass die Glocke geweiht wurde. Und als sie der Küster nun zum ersten Mal läutete, erzitterte der Boden und ein ohrenbetäubendes Getöse erklang. Entsetzt blickten die Menschen zum Kirchturm hinauf, und da sahen sie die Glocke durch ein Schallloch an der Ostseite des Turmes herausfliegen. Sie zischte durch die Luft, überschlug sich mehrmals, und ein paar unglückselige Tauben schafften es nicht mehr, sich rechtzeitig in Sicherheit zu bringen. Man hörte ein lautes Platschen, ein furchtbares Schmatzen, und die Glocke war in dem nahen Sumpf verschwunden, den sie noch heute „Dövelings Diek" nennen. Dort auf dem Grunde des Kolkes hauste nämlich der Teufel höchstpersönlich. Der jedenfalls rieb sich nun freudig die Hände. Schon immer war er auf den Klang der Kirchturmglocken neidisch gewesen, und so bewachte er die Glocke mit ganz besonderem Stolz. Er wischte den Schlamm ab, polierte sie, bis dass sie wieder glänzte, und erfreute sich an dem Feuerschein auf dem glatten Metall, tief unten auf dem schwarzen Grund des Kolkes.

Der Pfarrer aber, den der Verlust der Glocke zutiefst schmerzte, versuchte, die tapfersten und frommsten Männer der Stadt für sich zu gewinnen, sie mit Goldmünzen und einem sicheren Platz im Himmel zu locken, wenn sie denn auf den Grund des Kolkes hinabstiegen und die Glocke wieder

ans Licht beförderten. Er nahm ein funkelnagelneues Drei-pfennigstück zwischen Daumen und Zeigefinger und hielt es hoch über die Köpfe der versammelten Männer.

„Wer mir die Glocke zurückbringt, dem soll eine Truhe voll Gold sicher sein!", versprach er.

Doch just in diesem Moment läutete es in Dülmen zu Mittag, und gleichzeitig rutschte dem Pfarrer das Geldstück aus der Hand. Es fiel genau in den Sumpf und da geschah es, dass aus den Tiefen des Kolkes ein dreimaliges Glockengeläut erklang. Und als dann auch noch das schauerliche Lachen des Teufels die Luft erfüllte, hatte sich der Platz geleert, und alle tapferen Männer waren heim zu ihren Frauen gerannt.

Lange Zeit hielt sich nun die Sage in der Stadt, man bräuch-te nur zur Mittagszeit ein Dreipfennigstück in den Kolk zu werfen und der Teufel würde sich die Ehre erweisen, dreimal die Glocke zu läuten. Bald aber kannte jeder die Geschichte nur noch vom Hörensagen, und niemand wollte mehr so recht daran glauben.

Eines Tages kam ein Schuhmacher daher, der hatte wohl recht tief ins Glas geschaut, jedenfalls wankte er seines Weges, und seine Augen waren blutunterlaufen und trüb. Ganz nah trat er an den Teich, an seinen Schuhen leckte schon das Was-ser, und ausgiebig begann er in seinen Taschen zu kramen. Dann fand er, wonach er suchte, und warf das blinkende Geldstück mitten in den Kolk hinein.

„Schluck et dör!", rief er laut und höhnisch aus und spuckte in das Wasser.

Und da fegte plötzlich ein schrecklicher Wind über den Kolk, ein Wind, der ihm die Kappe vom Kopfe riss und ihm um die Ohren heulte, so ein Wind, wie er in Dülmen „Dörwind" ge-nannt wird. Dieser Wind wühlte das Wasser auf, das auf ein-mal schwarz und zähflüssig schien, und aus der Tiefe drangen dumpfe Glockenschläge empor. Und als der Schuster wieder

aufschaute, stand ein pechschwarzer Ziegenbock neben ihm am Ufer. Die Hörner glänzten, als wären sie aus Metall, und zornig scharrte der Ziegenbock mit den Hufen. Der Schuhmacher stieß einen lauten Schrei aus, machte auf dem Absatz kehrt und lief so schnell er konnte nach Dülmen zum Kapellenberg. Auf dem ganzen langen Weg dahin blickte er sich kein einziges Mal um. Erst an dem Heiligenhäuschen hielt er inne und verkroch sich hinter der Figur. Noch immer am ganzen Körper zitternd fand man ihn dort am Abend und man sagt, seit diesem Vorfall habe er keinen einzigen Tropfen Alkohol mehr getrunken.

Der sagenumwobene Teich wurde beim Bau der Kaserne zugeschüttet, die Kreuzkapelle aber steht noch an der alten Stelle.

Das eiserne Halsband

Noch heute erzählt man sich die schauerlichsten Geschichten vom Ritter Goddert von Harmen. Dieser lebte nahe Datteln auf der Horneburg an der Lippe. Sein Großvater, der die Burg hatte erbauen lassen, führte ein rechtschaffenes und tugendhaftes Leben, aber Goddert, der Enkel, schlug so ganz in die andere Richtung. Er liebte wüste Trinkgelage, war jähzornig und aufbrausend, und so wurde er zum Schrecken aller Menschen, mit denen er in Berührung kam.

Es wird sogar berichtet, dass er seine fromme Frau Margaretha in ein enges Verlies über seinen Wohnräumen sperrte, das nur ihm allein bekannt gewesen sein soll. Es heißt, jeden Abend habe er seiner Frau einen Krug mit Wasser und ein Stück Brot gebracht. Dreißig Jahre lang soll das so gegangen sein, bis der Sohn Margarethas und Godderts, der bei Verwandten aufgewachsen war, schließlich die Mutter befreite. Diese war aber so schwach und erholte sich nicht mehr, so dass ihre Freiheit nur kurz währte, bevor sie starb.

Bei all der Boshaftigkeit überrascht es nicht, dass Goddert von Harmen auch mit dem Ritter Lambert von Oer, der auf der Burg Kakesbeck bei Lüdinghausen lebte, in Streit lag.

Sobald sich die beiden über den Weg liefen, beschimpfte Goddert den Lambert aufs Heftigste, und dieser begann nun seinerseits, den Goddert zu beleidigen.

„Seht Ihr den stinkenden Pferdeapfel auf dem Boden? Ich sag Euch, selbst der hat mehr Verstand als Ihr!", schrie Goddert.

„Ihr seid so dumm, Ihr könntet ohne Eure Pferde die Burg nicht verlassen, fändet Ihr doch nie wieder zurück!", gab Lambert zurück.

„Und Ihr? Spotten doch selbst Eure eigenen Knechte über Eure Dummheit!"

„Und Ihr seid so ein Hohlkopf, dass Ihr nicht in der Lippe ertränket, sondern oben bliebet wie ein Stück Treibgut!"

Nun kam es, dass Lambert ein Gut in der Nähe von Ascheberg erben sollte. Da seine drei Söhne bald ins Mannesalter kamen, freute er sich sehr über diesen Zugewinn. Allerdings nicht lange, denn Goddert von Harmen behauptete, das Gut würde tatsächlich ihm gehören, und Lambert könne ja darum kämpfen, wenn es denn von Wichtigkeit wäre.

Als ihm das zu Ohren kam, schnaubte Lambert vor Wut.

„Nun reicht es mir aber mit dem verdammten Bastard!", rief er und begann zu toben, aber seine Frau besänftigte ihn, und so übertrug man die Angelegenheit einem Richter. Der sprach das Gut letztendlich Lambert zu, aber dieser konnte sich trotzdem nicht so recht freuen, begann Goddert ihm nämlich das Leben noch schwerer zu machen.

„Lambert, Verfluchter!", schrie denn nun Goddert, als die beiden sich das nächste Mal begegneten. „Ich war bei der Waldhexe und hört mir gut zu: Zur Geisterstunde werden Eure drei Söhne als kopflose Kälber in Eurem Keller umgehen!" Dabei lachte der Ritter dröhnend. „Eine Möglichkeit zur Rettung gibt es: Drei Jungfrauen müssen gleichzeitig beim ersten Glockenschlag der Burgkapelle den Keller betreten und die Verdammten küssen! Doch wisst Ihr ja selbst, es fände sich nicht eine einzige Jungfrau, die bereit wäre, auch nur einen Eurer Söhne zu küssen! Nicht einmal, wenn er nicht verhext wäre!"

„Ich werde Euch das verfluchte Maul noch stopfen!", erzürnte sich Lambert und biss sich zornig auf die Lippen.

Und da Goddert nicht aufhörte, Flüche gegen die Familie Lamberts auszustoßen, begann Lambert die Gegend um Datteln zu meiden. Er unternahm seine Ausritte nur noch gen Norden, und hatte Goddert ihm bald die Lust am Reiten gänzlich vergällt.

Aber es begab sich, dass Lambert am Sonntag wie gewöhnlich mit seiner Kutsche nach Lüdinghausen zur Kirche fuhr. Die Pferde trabten gemächlich durch den Busch, als sich ihnen plötzlich Goddert von Harmen zusammen mit seinen Leuten in den Weg stellte.

„Zur Seite mit Euch oder Ihr werdet niedergetrampelt!", brüllte Lambert und eine dicke Zornesader schwoll auf seiner Stirn an.

„Ha, Ihr traut Euch nicht auszusteigen und mir gegenüberzutreten?", spottete Goddert.

„Gesinde, aus dem Weg!" schrie Lambert und beugte sich weit aus dem Wagen, um dem Feinde vor die Füße zu spucken.

Da aber machte Goddert einen Sprung auf die Kutsche zu und packte den Lambert am Hals. Blitzschnell ließ er ein breites, eisernes Halsband zuschnappen und lachend und johlend ritt er mit seinen Gefolgsleuten von dannen.

Im ersten Moment glaubte Lambert, keine Luft mehr zu bekommen und elendig ersticken zu müssen. Seine Hände umklammerten das schwere Halsband, zerrten und rissen daran, aber es ließ sich nicht ein Stück bewegen. Von der Schulter bis zum Kinn war er umschlossen, und es saß so schrecklich eng, dass sein Adamsapfel feststeckte und er kaum noch schlucken konnte. Dazu kam noch, dass das Halsband inwändig mit Dornen besetzt war, und die schnitten ihm ganz fürchterlich ins Fleisch.

Halb besinnungslos vor Schmerzen brachte Lambert die Messe hinter sich, die er noch nie versäumt hatte, dann aber kehrte er eilig in seine Burg zurück, ließ das Tor hinter sich schließen und warf sich seiner Frau vor die Füße.

Diese begann an dem Eisen herum zu fingern, aber das Halsband blieb fest verschlossen.

„Das Schloss muss sich doch öffnen lassen!", jammerte Lambert wieder und wieder.

„Ach, wir werden das schon hinkriegen!" versuchte ihn seine Frau zu trösten und ließ aus der Küche ein scharfes Messer holen. Aber so sehr sie auch das Halsband damit bearbeitete, außer dass es ein paar Kerben bekam, passierte gar nichts.

„Dieser verfluchte Goddert, ich werde ihn in Stücke reißen!", heulte Lambert. Er trommelte seine Knechte zusammen, und der eine brachte eine Feile, der andere eine Brechstange, aber was sie auch versuchten, es war zwecklos. Das Halsband saß fest und ließ sich nicht das geringste Stückchen lockern.

Am Abend verzog sich Lambert in sein Schlafgemach. Aber sobald er den Kopf auf das Kissen sinken ließ, durchzuckten ihn die heftigsten Schmerzen. Das schwere Eisen drückte, so dass er kaum zu atmen vermochte. Es blieb ihm nichts anderes übrig, als sich an die Wand zu lehnen und auf diese Weise ein kurzes Nickerchen zu machen.

So ging es Tage und Wochen, und niemand wusste einen Rat, wie man den Lambert befreien könnte. Und vor Schmerzen und Verzweiflung verließ er seine Burg nicht mehr.

Dann aber kam ein Reiter und berichtete von einem Schmied mit Namen Thiel Schwoll, der sein Handwerk überaus geschickt vor dem Hörstertor in Münster ausübte. Diesen suchte Lambert auf.

Der Meister besah sich das Halsband lange.

„Ich würde wohl einen Versuch wagen ..." murmelte er dann. „Aber es könnte Euch das Leben kosten."

„Versucht es!", sagte Lambert. „So ist mir das Leben nichts wert."

Und er legte den Nacken auf den Amboss, und der Meister tat drei mächtige Schläge mit dem Hammer. Dabei sprach er laut: „Im Namen des Vaters, des Sohnes und des Heiligen Geistes."

Beim dritten Schlag sprang das Halsband auf und der Ritter war gerettet.

Das eiserne Band befindet sich heute im Münsterlandmuseum auf der Burg Vischering zu Lüdinghausen. Seltsamerweise wird im Friedenssaal des Rathauses zu Münster ein ganz ähnliches Halsband ausgestellt, von dem die gleiche Geschichte erzählt wird. Welches nun das echte ist, kann nicht gesagt werden.

Der wilde Jäger aus der Davert

Einst lebte auf der Burg Davensberg der Ritter Meinhövel, der
weithin als unfreundlich
und rau verschrien war. Erzürnte ihn jemand, so zö-
gerte er nicht den kleinsten Augenblick, ihn in
den Kerker zu sperren.
Hinter den dicken Wän-
den konnte der Ärmste
dann wimmern und um
Gnade flehen. Meist ver-
geblich.

Heute ist der Gefäng-
nisturm neben ein paar
Mauerresten das einzi-
ge, was von der ehe-
mals stolzen Burg
erhalten geblieben ist.
Zu sehen ist darin noch eine
Pritsche aus schweren Eichenbohlen zum „Stocken und Blo-
cken", wie man sagt. Wohl mancher Gefangene soll dort sein
Leben gelassen haben.

Bekannt war der Ritter Meinhövel aber vor allem als leiden-
schaftlicher Jäger. Schon frühmorgens, kaum dass die Sonne
aufgegangen war, sah man ihn schon zum Pferdestall eilen. Die
Knechte hatten dann mit dem Zaumzeug parat zu stehen, und
wehe dem, der des Ritters Hengst nicht rechtzeitig gesattelt
hatte! War er sonst ungeduldig und aufbrausend, so bewies er
bei der Jagd doch außerordentliches Gespür. Das Tier, das ein-

mal von ihm auserwählt war, verfolgte er stunden-, wenn es sein musste, sogar tagelang.

Die Säle der Burg waren üppig mit Jagdtrophäen geschmückt. An den Wänden hingen beeindruckende Geweihe und die Köpfe riesiger Keiler. In der Eingangshalle starrten ausgestopfte Habichte auf die Besucher hinab, und es gab nicht eine einzige Nische, in der nicht Füchse, Hasen, Rehe und was die Davert sonst noch an Getier hergab, gestanden hätten.

An einem Ostertage sprang der Ritter zeitig aus dem Bette und blickte aus dem Fenster. Dunstige Schleier lagen über den Wiesen, aber hinter dem Nebel konnte man bereits das erste Licht des Tages schimmern sehen. Vom nahen Sumpf schallte das Krächzen eines Rabens hinüber.

„Der Winter hat nun ein Ende", murmelte Meinhövel. Er zog die ledernen Stiefel an und warf seinen Jagdumhang über.

„Bist du von Sinnen?! Weißt du denn nicht, was heute für ein Tag ist!", rief seine Frau und richtete sich in den Kissen auf.

Der Ritter antwortete nicht, rückte stattdessen seine Jagdkappe auf dem Kopfe zurecht.

„Du willst doch nicht am Ostersonntag auf die Jagd gehen!", sagte seine Frau entsetzt.

„Ob Ostern oder nicht, dem Wild soll es egal sein!"

„Um Gottes willen, der Herr wird uns strafen! So komm doch zur Vernunft!", bat seine Frau inständig.

Doch Meinhövels Stiefelabsätze klackerten schon laut auf der Steintreppe. Unten schlug er dem ausgestopften Wolf kräftig auf den Pelz.

„Der Koch möge den Ofen zünden! Heut bring ich den wohl köstlichsten Braten!", rief er.

Die Mägde in der Küche hielten erschrocken die Luft an und blickten dem Ritter hinterher. Sein scharlachroter Umhang wehte, und der Staub wirbelte auf, während er zu den Ställen lief.

Dort waren die Knechte in heiterem Geplauder vertieft. Schnell fuhren sie herum, als das Holztor aufflog und der Ritter vor ihnen stand.

„Na? Habt wohl heut nicht mit mir gerechnet?", höhnte er. „Schnell, sattelt mir den Braunen!"

„Aber, edler Herr, gedenkt doch des heiligen Tages!", wagte der älteste der Knechte einzuwenden, und sein Gesicht war vor Schrecken ganz fahl geworden.

„Schweigt still! Ich hab keine Zeit, eurem Weibergeschwätze zu lauschen!", herrschte ihn der Ritter an und trommelte ungeduldig mit den Fingern gegen das Stalltor. „Für mich den Braunen und das gute Dutzend dort für meine Jagdgesellen!"

Und während sich die Knechte mit großen Augen anblickten, da stürmte er zurück in die Burg und ließ die übrigen Ritter wecken.

„Die Pferde sind gesattelt!", brüllte er und klatschte in die Hände. „Springt in eure Stiefel, heute ist ein guter Tag zum Jagen!"

„Aber, aber ...", stammelten die Männer.

„Was aber?", brüllte Meinhövel und packte sich einen der Männer am Kragen. „Habt Ihr etwa Einwände?"

„Nun ja ...", stotterte dieser und suchte nach Worten.

„Ihr wollt sagen, es ist Ostern? Na, um so besser!", knurrte der Ritter.

Seine Gemahlin erschien in der Halle. Ihre Finger nestelten an dem gerüschten Kragen ihres Gewandes. „So sei doch vernünftig!", flüsterte sie leise. „Gleich wird der Pfarrer eintreffen und die Messe lesen!"

„Aus dem Weg!", rief er ungerührt und stieß seine Frau grob zur Seite.

Sodann rannte er auf den Hof. Die übrigen Männer schauten hinüber zum Gefängnisturm, zuckten die Achseln und folgten.

Mit lautem Geschrei flatterten die Fasane aus den Wiesen, während die Jäger in die Davert galoppierten. Die Gemahlin Meinhövels blickte ihnen aus dem Fenster nach und bekreuzigte sich.

„Heilige Jungfrau Maria", murmelte sie, „lass es ein gutes Ende nehmen!"

Im Wald war es totenstill. Das erste Grün wuchs an den Bäumen empor, und der Waldboden war mit gelben Blumen übersät. Aber kein Hirsch war zu sehen, kein Reh, nicht mal das kleinste Kaninchen zeigte sich. Meinhövel ließ die Pferde anhalten und lauschte in den Wind. Es blieb still. Und so ritten die Männer mal in die eine, mal in die andere Richtung.

„Wollt Ihr die Jagd nicht abbrechen?", fragte schließlich ein Ritter mit einer großen Narbe auf der Stirn. „Das Wild scheint verschwunden und ..."

„Reitet weiter!", heischte Meinhövel ihn an. Mit zusammengekniffenen Augen spähte er durch die Sträucher hindurch.

Und da sah er den Hirsch auf der Lichtung! Die Sonne ließ das Fell des Tieres golden aufleuchten.

„Den haben wir!", flüsterte Meinhövel und gab den anderen ein Zeichen.

Aber da hob der Hirsch seinen Kopf, blinzelte zu den Männern und im nächsten Augenblick flüchtete er.

Meinhövel blies in sein Horn, die Hunde bellten wie toll und die Pferde preschten durch den Wald.

„Er kann uns nicht entkommen!", schrie er und hieb dem Braunen die Sporen in die Flanke.

Doch da frischte der Wind auf. Eine gewaltige Böe erfasste den Ritter und schleuderte ihn mit seinem Pferd hoch in die Lüfte. Erschrocken umklammerte er die Mähne, und als er über die Schulter blickte, da sah er, dass es seinen Jagdkameraden nicht anders erging. Die Hufe der Pferde schlugen in der Luft, während die Kronen der Bäume den Rittern nur so an den

Köpfen vorbeizischten. Und so sehr sie auch an den Zügeln rissen, die Pferde hielten nicht an und berührten auch den Boden nicht mehr. Immer weiter ging der Ritt, dem Hirschen hinterher, der von Zeit zu Zeit durch das Laub schimmerte. Immer weiter und weiter.

Noch heute kann man die Jagdgesellschaft durch die Lüfte reiten sehen, an düsteren Tagen, wie sie oft vorkommen in der Davert. Bis zum Jüngsten Tag müssen die Ritter hinter dem Wild herjagen, weil sie den höchsten Feiertag entehrt haben.

Der listige Bruder Guardian

Im Franziskanerkloster zu Hamm lebte einst der Bruder Guardian. Dieser war weit über die Stadtgrenzen hinaus für seine Gewitztheit bekannt, ja, nannte man ihn auch Bruder Lustig. Ein jeder mochte ihn gut leiden, nur die Geizkrägen und Knauserer machten lieber einen großen Bogen um ihn, verriegelten ihre Türen und vermieden jedes Gespräch. Denn mit List und Schlauheit verstand es Bruder Guardian, auch dem größten Geizkragen das Geld aus der Tasche zu ziehen. Und so ein Geizhals war denn auch der Besitzer von Haus Heessen, im Volk der Graf von Heessen genannt.

Als Bruder Guardian einmal den alten Fährweg über die Lippe kam, um im Dorfe Heessen seinen Geldbeutel zu füllen, da ging er am Schloss vorbei und begegnete dem Grafen, der gerade mit Jäger und Hund zur Jagd wollte. Der Graf kannte den Bruder Guardian längst. Schon wenn er die braune Kutte von weitem sah, ließ er für gewöhnlich das Schlosstor verriegeln, und im Hof ließ er sich dann nicht blicken. Diesmal aber kam der Mönch ihm geradewegs entgegen, und so knurrte der Graf: „Na, Bettelbruder, wollt wieder was haben? Es gibt aber nichts!"

„Aber Herr Graf, so denkt an das Himmelreich!", begann Bruder Guardian. „Bedenkt, Christus wird am letzten Gericht fragen, ob ..."

„Ach, larifari!", wehrte der Graf ab und zerrte an der Hundeleine, um schnell an Bruder Guardian vorbeizukommen. Aber da fiel ihm etwas ein, und ein Lächeln erschien auf seinem Gesicht. „Doch wenn Ihr schießen könnt, Bruder, so kommt mit mir auf die Jagd! Ich verspreche Euch, was Ihr trefft, das soll dem Kloster gehören!"

Bruder Guardian kratzte sich am Ohr, dann lächelte auch er und folgte dem Grafen in den Wald. Dort waren bereits ein

gutes Dutzend Jäger versammelt und erwarteten mit Pferden und den ungeduldig bellenden Hunden den Beginn der Jagd. Als sie den Mönch sahen, begannen sie zu tuscheln und zu witzeln, und einige ließen spitze Bemerkungen fallen.

„Wollt Ihr den erlegten Hirschen Euren Segen aussprechen?", rief einer.

Und ein anderer lachte auf: „O ja, lasst sie ins Himmelreich eingehen, dann haben wir auch dort oben was für die Jagd!"

Aber Bruder Guardian blickte grimmig in die Runde und ließ sich ein Gewehr aushändigen.

„Wo füllt man die Kugeln nach?", fragte er den Grafen.

Der rollte die Augen gen Himmel, zeigte ihm aber dann den Umgang mit der Büchse, und der Mönch ließ sich sogleich noch Kugeln und Pulver dazu geben.

„Waidmannsheil, Bruder!", rief der Graf, und während die Jäger mit wild galoppierenden Pferden und den aufgeregten Hunden eilig in den Wald einfielen, spazierte der Mönch gemütlich in Richtung der Eichen, das Gewehr keck geschultert.

Schon bald hörte der Graf die ersten Schüsse von dort, wo Bruder Guardian sich befand.

„Er soll sich wohl mit dem Gewehr erst vertraut machen", murmelte der Edelmann und ritt tiefer in den Wald.

Aber schon krachten die nächsten Schüsse.

Der Graf hob die Brauen und tauschte erstaunte Blicke mit den anderen Jägern. „Anfängerglück!", sagte einer von ihnen und zuckte die Achseln.

Aber beim nächsten Schuss, da ließ der Graf sein Pferd anhalten und ritt zum Bruder Guardian zurück.

„Bruder, Ihr schießt ja, dass man ganz neidisch wird. Habt Ihr denn auch schon was getroffen? Zeigt her, oder treffen die Barfüßer nur von der Kanzel das Richtige?", spottete er, aber er war doch verunsichert und blinzelte zwischen den Stämmen hindurch, ob sich denn dort etwas regte.

„O, Herr Graf!", rief der Mönch. „Seht her, diesen Eichbaum traf ich, und diesen, und diesen ...", und er zeigte dem Grafen rund herum alle dicken Eichenbäume. Sie alle hatten tiefe, dunkle Löcher von den Einschüssen.

Der Graf schlug sich mit der flachen Hand an die Stirn und begann, laut zu fluchen, aber immerhin hielt er Wort und überließ die Eichen schweren Herzens dem Kloster.

Aus diesen wurden die Chorstühle für die Agneskirche in Hamm gemacht, die heute immer noch in Gebrauch sind. So jedenfalls erzählt man sich. Und man sagt auch, dass der Graf von Heessen den schlauen Bruder Guardian nie wieder zur Jagd eingeladen hat.

Der ketzerische Maler

Vor langer Zeit, noch lange bevor die ersten Bergarbeiter ins Münsterland kamen, da war die Stadt Ahlen ein kleiner, beschaulicher Ort, wo ein jeder jeden kannte. Am Sonntag ging man in die Kirche und anschließend wurde ausgiebig auf dem Kirchplatz geplaudert. Man sprach über das Wetter und die Nachbarn, über den Pastor und die Ernte, über dies und das, kurzum über alles, was die Leute gerade beschäftigte.

Und eines Sonntags muss es sich wohl so zugetragen haben, dass der Meier dem Zimmermann sein Leid klagte: „Weißt noch, Hannes, wat war unsre Kirche früher doch fürn Schmuckstück!"

„Jau, Bennard", sagte der Zimmermann. „Ick sech dat auch immer zu meine Hilde. Früher, da hingen noch die Kruzifixe überm Altar. Und wat für goldne Lüster da brannten bei der Messe!"

„Kannst dich noch an die Bildkes erinnern? An die Auferstehung vom Herrn Jesu? Oder an die Heiligenfigürkes hinten rechts?" Der Meier seufzte laut.

„Dat is men gut, dat se die Wiedertäufer aus Münster rausgekriegt ham. Dat ganze Pack! Ick weiß noch, wie se gewütet ham! Habs mit eignen Augen gesehn, wie se den heiligen Antonius vom Sockel gestoßen ham. Und wie er aufm Boden lag, da ham se noch mit den Füßen draufgetreten, dat alles zerplatzt ist!"

„Jau, dat se die solange ham wirken lassen, die Wiedertäufer! Sechzehn Monate! Und alles kaputt!", bestätigte der Meier und schüttelte sich.

Der Zimmermann drehte die Knöpfe an seinem Sonntagsgewande. „Nur gut, dat se die gepackt ham. Geschah denen wohl recht, dat se die mit den glühenden Zangen gepiesakt

137

ham, da mitten aufm Marktplatz, und wie se dann die Leichen da in die Käfige getan ham, und ham se dann oben am Lambertiturm aufgehängt, dat war schon ganz recht so", sagte der Zimmermann.

„Dat hätten se nur alles eher machen solln. Dann hätten wir nu noch unsre Bildkes und Kruzifixe."

Und während Meier und Zimmermann so miteinander redeten, da kam das Elsken vorbei, das war die Frau vom Küfer. Das Elsken war bekannt dafür, dass ihm nichts verborgen blieb, hatte es doch ihre Augen und Ohren überall und scheute sich nicht, noch die neugierigsten Fragen zu stellen.

„Heft ihr schon dat Neuste gehört?", wendete es sich an die beiden Männer. „Es dauert nicht lang, dann ham wir wieder ein Kruzifixbild in unsrer Kirche!" Triumphierend blickte es vom Meier zum Zimmermann. „Der Pastor secht, se schicken uns nen ganz berühmten Meister, den Herrn Jesus für uns zu malen!"

Und so kam es, dass bald ein jeder den Meister Thonjes erwartete.

Dieser war ein Maler, den man für seine Genauigkeit im Abbilden schätzte. Nach den furchtbaren Vorkommnissen im Münsterland gab es für ihn allerhand zu tun, waren ja viele Bilder vernichtet worden. So schickte ihn der Bischof Bernard von Raesfeld auch nach Ahlen, dort ein Kruzifixbild vom Sohn Gottes zu malen. Nicht ahnend, dass der Meister im Herzen eigentlich gar kein Katholik war, sondern im Stillen noch immer dem Täufertum nachtrauerte.

Der Meister Thonjes wurde in Ahlen mit offenen Armen empfangen, und insbesondere der Pastor freute sich sehr auf das neue Gemälde. Nahe der Kirche bezog der Meister sogleich eine kleine Malerstube. Dort stellte er seine Staffelei auf und begann, die Farben anzurühren. Dann sagte er, er wolle nun ans Werk gehen und nicht mehr gestört werden, bis dass er das Bildnis

vollendet hätte. Er verriegelte die Tür und schloss die Läden
vor den Fenstern. Darauf sah man den Meister Thonjes eine
ganze Weile nicht mehr.

Die Leute aber waren neugierig, und der eine oder andere
klopfte an die Türe des Meisters Thonjes. Jedes Mal dauerte es
lange, bis der Meister öffnete, und immer war die Leinwand
zur Wand gedreht, so dass keiner auch nur einen Blick darauf

erhaschen konnte. Das Zimmer war völlig abgedunkelt, nur eine einzige Kerze flackerte, und so lag auch das Gesicht des Meisters im Dunkeln.

„Lasst uns das Bild sehen! Nur ein einziges Mal!", baten die Nachbarn.

„Nein, nein!", sprach der Meister Thonjes entschieden. „Ihr sollt es erst sehen, wenn es fertig ist!"

Die Leute aber wurden immer neugieriger, umso mehr, da der Meister Thonjes sein Zimmer am Tage gar nicht mehr verließ. Nur zur späten Abendzeit, wenn die Sonne längst untergegangen war, hörte man, wie sich die Tür der Malerstube quietschend öffnete. Stets war der Meister in einen langen Umhang gehüllt, den Kragen hatte er hochgeschlagen, und auf dem Kopfe trug er eine große Mütze. Einzig seine spitze Nase lugte hervor, und man sah ihn, im Schatten der Stadtmauern schnellen Schrittes dahineilen. Und sprach man ihn an, so hielt er nicht inne, sondern lief nur noch zügiger.

Die Leute im Ort wunderten sich immer mehr, und überall tuschelte man über den „merkwürdigen Kauz", wie man den Meister Thonjes inzwischen nannte.

Auch der Pastor begann, sich Sorgen zu machen. Wurde er doch ungeduldig und konnte es kaum erwarten, das Jesusbild endlich an die Kirchenwand zu hängen.

So klopfte er denn eines Morgens beim Meister an.

„Lasst Euch nicht aufhalten, aber zeigt doch, welche Fortschritte Euer Gemälde macht!", rief der Pastor.

Der Meister Thonjes erschien aus dem Dunkel, rieb sich die Augen und stellte sich dem Pastor in den Weg, sodass dieser nicht in die Stube treten, nicht mal einen Blick hineinwerfen konnte.

„Nur noch ein paar Tage", sagte der Meister und blickte gehetzt um sich. Dabei strich er sich durch das Haar, das wüst vom Kopfe abstand.

„Aber wollt Ihr nicht wenigstens die Fenster öffnen und etwas Luft hineinlassen?", fragte der Pastor, in der Hoffnung, hineinspähen zu können.

„Nur noch ein paar Tage!", antwortete der Meister unwirsch und schüttelte den Kopf.

Dabei zuckte eine geschwollene Ader unter dem Auge, und er sah so furchtbar übermüdet aus, dass der Pastor mit ungutem Gefühl zu seiner Kirche zurückkehrte. Er überlegte, einen Boten zum Bischof Bernard zu schicken und nähere Erkundigungen über den Meister einzuholen.

Dann aber geschah es, dass eines Nachts ein Schrei durch die Gassen gellte, worauf ein jeder im Ort aus dem Schlaf schreckte. Man lief vor die Haustüren, und da hörte man es deutlich, der Schrei kam aus der Malerstube! Und als die Leute dort ankamen, fanden sie die Tür weit geöffnet den Meister vor seiner Staffelei. Mit seinem breiten Rücken verdeckte er das Bild.

„Ja, endlich ist es vollbracht!", schrie er und trat zur Seite, dass die Leute das Bildnis bewundern konnten.

Wie aber erschraken sie alle! Das Antlitz Jesu glich einer Teufelsfratze! Lange, spitze Zähne lugten aus dem verzerrten Mund, und dann seine Augen – die Augen waren das Furchtbarste überhaupt, sie blickten tückisch und schienen regelrecht Feuer zu sprühen!

Die Leute pressten sich voller Entsetzen die Hände auf die Münder, und es war sogar eine Magd unter ihnen, die auf der Stelle ohnmächtig zusammensackte.

Aber im nächsten Moment begann der Meister Thonjes laut zu lachen und drehte sich um. Und wie er so dastand und lachte, sahen die Leute, dass sein eigenes Gesicht zur Fratze geworden war. Tatsächlich glichen seine Züge aufs Genauste denen des gemalten Teufels! Die Augen waren rotglühend und kullerten irr in den Höhlen, und er bleckte die Zähne, die gelb und spitz wie von einer Bestie waren.

Was nun allerdings geschah, bleibt ungewiss. Die einen behaupten, der Meister wäre zu nahe an die Kerze gekommen und auf der Stelle verbrannt. Andere sagen, er wäre zur Tür hinausgestürzt und hätte sich sodann in Luft aufgelöst. Wieder andere aber wollen ihn noch Wochen später gesehen haben, auf nächtlicher Straße weit draußen im Münsterland, wo er mit entstellter Fratze umherirrt.

Der Mausehund

Vor langen Jahren war es, da gab es in der Stadt Beckum keine einzige Katze. Wohl aber wimmelte es vor Mäusen, ja, die ganze Stadt war voll von ihnen. Was die Leute auch nur für den kleinsten Moment neben sich stellten, das wurde sogleich zernagt und gefressen.

Die Mäuse waren so zahm, dass sie bei helllichtem Tage hin- und herliefen und keinerlei Furcht vor den Menschen zeigten. Wieso auch, hatten diese doch längst aufgegeben, ihnen nachzustellen. Denn schlug man eine von ihnen tot, so kam gleich ein Dutzend hervorgelaufen, und schlug man auch dieses tot, so waren es bald hundert. Und niemand wusste Rat, wie man die Mäuse loswerden könnte.

Da kam ein Wandersmann in die Stadt, der trug eine Katze auf dem Arm. Neugierig blickten ihm die Beckumer hinterher, und als er bei dem Wirt einkehrte, fragte dieser sogleich: „Was ist das für ein merkwürdiges Tier, das Ihr da mit Euch führt?"

„Das?", meinte der Wandersmann. „Nun, das ist ein Mausehund."

„Ein Mausehund?", fragte der Wirt erstaunt. „Fängt er doch wohl keine Mäuse?"

„Doch, ja", antwortete der Fremde und setzte die Katze auf den Boden.

Die Mäuse nagten gemächlich an den von den Tischen herabgefallenen Brotresten. Sie blickten nicht einmal auf, als die Katze ihre Krallen wetzte, und so war in kürzester Zeit ein gutes Dutzend von ihnen erlegt.

Der Wirt war außer sich vor Freude und stürzte auf die Straße, um von dem Mausehund zu verkünden. Die Leute strömten in das Wirtshaus, besahen sich das Tier und bekamen vor Begeisterung die Münder nicht mehr zu.

„Fremder, was verlangt Ihr für dieses so wunderbare Tier?"

„Mein Mausehund ist unverkäuflich!", antwortete der Wandersmann.

Aber die Beckumer gaben nicht auf zu feilschen und zu bitten. Unter Tränen schilderten sie ihre Not: Überall Mäuse! In den Schränken, in den Betten! Und das Geknabber! Tag und Nacht das Geräusch nagender Zähne! Die Leute zeigten auf ihre angefressenen Schuhe und redeten so lange, bis dass der Wanderer Mitleid bekam. Er überlegte. Die Katze war ihm ans Herz gewachsen, war sie ihm doch zum treuen Weggefährten geworden. Ungern wollte er auf sie verzichten. Aber fiel es ihm doch schwer, den Beckumern die Hilfe zu verweigern, wo ihre Not so offensichtlich war.

Was also tun?

„Für hundert Gulden gäbe ich den Mausehund wohl her", sagte er schließlich. Eine solch hohe Summe würde man nicht aufbringen können, da war er sich sicher.

Die Beckumer aber waren froh, dass er nicht mehr gefordert hatte. Unverzüglich zahlten sie die Gulden aus dem Gemeindesäckel.

Der Wanderer blickte ungläubig auf das viele Geld, versteckte es in seinen Taschen, gab der Katze einen Klaps auf das Hinterteil und schickte sich an, die Stadt zu verlassen. Und zwar so schnell, wie ihn seine Füße auch nur forttrugen. Im Davoneilen spähte er immer wieder über die Schulter, ob ihm nicht jemand folge. Denn solch einen Batzen Geld hatte er sein Lebtag nicht gesehen, geschweige denn besessen. Und so war es ihm eilig zu verschwinden, bevor man den Kauf bereute und ihm die Gulden wieder abnähme.

Unterdessen hatte man die Katze ins Rathaus gebracht, wo das Getreide gelagert wurde. Waren doch dort auch die meisten Mäuse. Die Bürger hatten sich zu Dutzenden versammelt, die Flure waren zum Bersten gefüllt, und ein jeder hielt den Atem

an, als der Mausehund durch die Räume lief. Bei jeder Maus, die er verspeiste, ging ein Raunen durch die Menge.

„Seht nur, wie rasch der Mausehund den Biestern den Garaus macht!", riefen die Beckumer. „Bald wird keine einzige Maus mehr in der Stadt sein!"

Und noch während alle lachten und in die Hände klatschten, da fragte einer in die Runde: „Aber was, wenn alle Mäuse gefressen? Womit füttern wir dann den Mausehund?"

Nun sah jeder verdutzt den anderen an. Tatsächlich, in der Aufregung hatten sie vergessen, den Wandersmann danach zu fragen.

Also schickten sie den Burschen mit den längsten Beinen los, den Wanderer einzuholen.

Als aber dieser bemerkte, dass ihm nun wirklich jemand nach-eilte, umklammerte er das Geld in den Taschen und beschleu-nigte seine Schritte. Immer schneller lief er, und der Bursche konnte ihn beim besten Willen nicht einholen. Deshalb formte er seine Hände vor dem Munde zum Trichter und schrie quer über die Felder: „Was isst er? Was isst er?"

Und der Wanderer schrie zurück: „Was man ihm beut! Was man ihm beut!"

Der Bursche aber hatte verstanden: „Vieh und Leut! Vieh und Leut!"

Mit großem Schrecken kehrte er heim. Atemlos stieß er die Türen zum Rathaus auf, stolperte die Stufen hoch und berich-tete den Leuten, die noch immer dem Mausehund bei der Jagd zusahen.

„Wehe uns!", erklangen von allen Seiten entsetzte Stimmen. „Erst wird er unser Vieh fressen und dann uns selbst, wehe uns!"

Und so beschloss man, den Mausehund zu töten. Aber wenn man sich das Ungetüm so recht besah, dann waren seine Zähne doch spitz, und funkelten auch die Augen arg gefährlich. Und

erst die scharfen Krallen, mit denen er die Leiber der Mäuse so mühelos aufschlitzte!

Und so wagte niemand, sich dem Ungeheuer zu nähern oder es gar anzufassen.

Aber natürlich wollten die Beckumer nicht gefressen werden, und sie kamen darauf, den Mausehund zu verbrennen. Sie brachten also Fackeln und begannen doch wirklich, das Rathaus anzustecken. Von der Straße aus sahen sie zu, wie die Flammen an den Mauern emporzüngelten, und als sie schon erleichtert aufatmen wollten, sprang die Katze zum Fenster hinaus und rettete sich in ein anderes Haus.

Das Rathaus aber brannte lichterloh, es dauerte nicht lange, da war es bis auf den Boden abgebrannt. Das freilich kümmerte die Beckumer wenig. Voller Angst spähten sie durch die Fenster des anderen Hauses und sahen, wie der Mausehund nun darin sein Unwesen trieb. Eine Maus nach der anderen verschwand in seinem gierigen Schlund, und jedes Mal blitzten die spitzen Zähne auf. Bald wären alle Mäuse vertilgt. Die Zeit drängte, und so steckten die Beckumer auch dieses Haus in Brand.

Die Katze aber sprang auf das Dach und strich sich, wie es ihre Gewohnheit war, mit der Pfote über den Kopf.

„Seht nur!", riefen die Leute voll Entsetzen. „Der Mausehund schwört einen Eid! Wehe uns! Er wird uns nicht ungerächt davonkommen lassen!"

Da nahm einer, der für seine Furchtlosigkeit bekannt war, einen langen, spitzen Spieß und wollte damit von unten aus nach der Katze stechen. Diese jedoch machte einen Satz und lief geschwind an dem Spieß herab, mitten hinein in die entsetzte Menschenmenge, die laut schreiend auseinander stob. Nun floh ein jeder voller Angst, rannte so schnell er nur konnte zusammen mit Weib und Kind und rettete sich in den nahen Wald.

Um das Feuer kümmerte sich niemand, keiner kam zum Löschen, und so breiteten sich die Flammen nach allen Seiten aus. Bald war die ganze Stadt niedergebrannt.

Von der Katze aber wird berichtet, dass sie trotz allem mit dem Leben davonkam.

Bei dem Feuer aber brannte auch die Kanzlei ab, und zwar so, dass leider auch eine nicht unbedeutende Anzahl der interessantesten Geschichten aus Beckum ein Opfer der Flammen wurden.

Die schreckliche Jungfer Eli

Einst lebte im Stift Freckenhorst eine Äbtissin, die war über die Maßen fromm. Und so wunderte es sehr, dass sie gerade die Jungfer Eli zu sich als Haushälterin zu Diensten nahm. Denn die Jungfer Eli war so gar nicht gut und gottesgläubig. Ganz im Gegenteil war sie böse und gottlos. Und geizig war sie obendrein. Wenn arme Leute, auf Gottes Barmherzigkeit hoffend, zum Stift kamen und in ihrer Not um einen Almosen baten, dann eilte die Jungfer Eli nicht, um ihnen zu essen und zu trinken zu holen, wie es sich ihrer Herrin zur Ehre gehört hätte. Nein, sie griff zur Peitsche und trieb sie fort aus dem Stift. Und je öfter dies vorkam, desto ärgerlicher wurde sie über die Störungen. Und so band sie heimlich, ohne dass es ihre Herrin merkte, eine kleine Glocke vor der Tür fest. Nun wurde sie von keinem Armen oder Bettler mehr gestört. So wirkte sie viele Jahre im Stillen und tat noch so manch anderes Böses, von dem die fromme Äbtissin niemals erfuhr, bis sie endlich im Alter todkrank wurde. Deshalb rief man nach dem Pfarrer. Als dieser durch den Garten zum Haus der Äbtissin ging, sah er die Jungfer Eli in einem Apfelbaum sitzen, das grüne Hütchen mit den weißen Federn drauf keck auf dem Kopf und die Beine baumelnd. Er glaubte seinen Augen nicht trauen zu können. Wie kam die Todkranke dort hinauf? Schnell lief er weiter, um die Äbtissin zu befragen, aber als er ins Haus kam, da lag die Jungfer Eli in ihrem Bett! Und obwohl man sah, dass der Tod ihr schon ganz nahe war, schrie sie ihn an: „Ick gah noch lange nich doot. Schert ju tom Düvel!" Das gerade wollte der Pfarrer natürlich nicht. Er besann sich auf seine Pflichten und wollte ihr gut zureden, dass sie nicht in Sünde von dieser Welt gehen müsse. Aber sie drehte das Gesicht zur Wand und wollte nicht hören. So ver-

schied sie. Und genau in dem Moment, als sie die Augen schloss, ertönte ein lautes Klirren, und die kleine Glocke war zersprungen!

Einige Tage später saßen die Mägde in der Küche und schnitten Fitzebohnen. Plötzlich fuhr es wie ein Wirbelwind zwischen sie. Und da war sie wieder, die Jungfer Eli, wie sie einst leibte und lebte. Die Mägde erbleichten auf der Stelle. Mit offenen Mündern starrten sie auf die Gestalt, die mal über dem Herd, mal über dem Tisch schwebte. Immer sauste sie nur knapp über die Mägde hinweg. Einer flog sogar das Häubchen vom Kopfe.

„Schniet ju nich in de Finger, schniet ju nich in de Finger!", hörten sie die krächzende Stimme der Jungfer Eli. Die Mägde konnten sich vor Schreck nicht rühren. Einzig die jüngste von ihnen hielt sich schnell die Ohren zu. Dabei aber vergaß sie das Messer, das sie noch in der Hand hielt. So schnitt sie sich tatsächlich in die Finger. Das Blut tropfte auf den Boden und sogleich ertönte das gackernde Lachen der Jungfer Eli. Und während das schauerliche Lachen noch von den Wänden hallte, war die Gestalt auch schon verschwunden. Ob durch den Kamin oder ob durch das Fenster? Daran erinnerten sich die Mägde nicht mehr.

Am nächsten Morgen machten sich die Mägde zu den Ställen auf, um die Milch zu holen. Ganz so, wie sie es jeden Morgen machten. Die Sonne war gerade aufgegangen und leuchtete orangerot über den Feldern. Die Mägde schickten sich an, den kleinen Bach hinter der Abtei zu überqueren, da stieß eine von ihnen einen spitzen Schrei aus. Ihre weit von sich gestreckten Arme zeigten auf die hölzerne Brücke. Und da saß sie, die Jungfer Eli, mitten auf dem Steg! Die Schuhe hatte sie ausgezogen, und ihre nackten, weißen Füßen schwangen über dem Wasser. Der Steg war schmal, und so wagte keine der Mägde, das Holz zu betreten. Lange überlegten sie, was zu tun sei.

Sollten sie zurück zum Stift laufen und die Äbtissin um Hilfe bitten? Die Sonne stieg schon weit über die Felder. Aus den Ställen schallten die Rufe der Kühe zu ihnen, und im Stift wartete man längst auf die Milch. So rief die kühnste der Mägde: „In Gottes Namen, loot us vörbi!" Und siehe da, im nächsten Augenblick löste sich die Jungfer Eli in Nebel auf. Der Wind trieb sie ein Stück über den Bach, und die Mägde konnten halbwegs beruhigt über den Steg gehen. Kaum waren sie aber auf der anderen Seite angelangt, da lief die Jungfer Eli hinter ihnen her. „Tart! Tart!", schrie sie wieder und wieder. „Tart!" Neugierig geworden spähten die Mägde über die Schulter. Könnte es denn sein? Sollte die Jungfer Eli tatsächlich eine Torte...? Und wirklich! Und noch dazu eine so schöne! Den Mägden lief das Wasser im Munde zusammen. Trotzdem wollte keine von ihnen ein Stück nehmen, geschweige denn probieren, so sehr die Jungfer Eli ihnen auch die Torte anpries. Da wurde sie zornig und schleuderte die Torte auf die Erde. Schlamm flog auf und spritzte an die Schuhe und Strümpfe der Mägde, und da sahen sie es, die Torte war gar keine Torte, sondern ein Kuhfladen!

Der Äbtissin kamen die Geschichten von der spukenden Jungfer Eli zu Ohren, aber sie konnte nicht glauben, was sie da hörte. „Was sich die Mägde da zurecht spinnen!", dachte sie, milde den Kopf schüttelnd.

Aber ein paar Tage später kamen einige der Knechte durch den Garten gestürmt, die Hemdzipfel aus den Hosen gerissen. Zitternd standen die kräftigen Kerle vor der Äbtissin und erzählten, was ihnen widerfahren war.

„Se hätt us binah dat Genick gebroken!" „Üm en Hoor weern wie alltohoop doot!", riefen sie durcheinander.

„Ich versteh kein Wort! Immer der Reihe nach! Was ist passiert?", fragte die Äbtissin, und so erfuhr sie die Geschichte: Die Knechte hatten im Wald hinter der Abtei Holz gehackt.

Plötzlich waren dicke Äste auf sie herabgestürzt, sie konnten sich gerade noch in Sicherheit bringen. Einer der Knechte hatte sich umgeblickt und die Jungfer Eli in der Krone der alten Eiche entdeckt. Ihr lautes Lachen hatte sie durch den ganzen Wald verfolgt.

Aber es sollte noch schlimmer kommen. Bald bekam niemand im Haus nachts mehr ein Auge zu. Von überall her hörte man es poltern und klappern. Morgens lagen in der Küche sämtliche Töpfe und Schüsseln durcheinander. In der Bibliothek stand kein Buch mehr im Regal, und das Holz, das man vor den Kaminen gestapelt hatte, war im ganzen Haus verstreut.

Die Bewohner des Stifts waren allesamt verängstigt und bedrängten die Äbtissin, doch endlich gegen die spukende Eli vorzugehen. Die Äbtissin aber war nicht nur über die Maßen fromm, sondern auch überaus geduldig. „Es wird schon bald ein Ende haben", versprach sie den Leuten, nicht ahnend, in welche Gefahr sie selbst bald käme.

Kurz darauf bestieg sie nämlich ihre Kutsche und machte sich ins nah gelegene Warendorf auf, dem dortigen Pfarrer einen Besuch abzustatten. Die Kirchtürme der Stadt waren bereits am Horizont zu sehen, die Gegend um Warendorf ist bekanntlich flach und eben. Da stellte sich ihr plötzlich die Jungfer Eli in den Weg. Sofort begannen die Pferde zu scheuen. Sie bäumten sich auf, schnaubten ängstlich, und der Fuhrmann hatte alle Mühe, sie zu beruhigen.

Hinten in der Kutsche erstarrte die Äbtissin vor Furcht. „Lieber Gott, steh mir bei!", dachte sie bei sich. Sie nahm aber ihren Mut zusammen und rief laut: „Lass uns vorbei! Ich hab nichts zu schaffen mit dir. Hast du Übel getan, so ist es nicht mein Wille gewesen."

„So lichfferrich wes ju mick nich loos!", schrie die Jungfer Eli. „Ick wär alltiet noch dien Huusholterin. Is et nich mien Reckt, mit to führn?"

Schon griff ihre weiße, knöcherne Hand nach der Wagentür, und die krallenartigen Fingernägel ragten in die Kutsche. Faulig riechender Atem schlug der Äbtissin ins Gesicht, und augenblicklich wich sie in den Wagen zurück. „Lieber Gott, lieber Gott...", begann sie in höchster Not zu beten. Da kam ihr eine Idee. Rasch warf sie einen ihrer schweinsledernen Handschuhe aus dem Fenster, so weit sie konnte. „Bist du wirklich meine Haushälterin, so hebe den Handschuh auf!", befahl sie mit beherrschter Stimme.

Die Jungfer Eli zögerte einen Moment, dann aber nahm sie die Hände von der Kutsche und bückte sich. In dem Moment, als ihr wollener Rock aufflatterte, schrie die Äbtissin dem Fuhrmann zu: „Fahr, so schnell du kannst, und wenn auch die Pferde darüber zugrunde gehen!"

So jagte der Kutscher los, ohne sich noch einmal umzudrehen. Die Kutsche polterte über die Steine, die Räder ächzten und knackten, doch erreichten sie heil die Mauern von Warendorf. Kaum angekommen, brachen die Pferde röchelnd zusammen, aber die Äbtissin war mit dem Schrecken davongekommen.

Und nun sollte endgültig mit dem bösen Spuk Schluss sein! Die Äbtissin berief alle Geistlichen der Gegend, die Jungfer Eli endlich zu verbannen. Aus Ahlen, Warendorf und sogar aus Münster eilten die Geistlichen herbei. Man versammelte sich auf dem Herrenchor und begann, das Gespenst zu rufen: „Jungfer Eli, zeige dich!"

Aber wen wundert es, die Jungfer Eli wollte und wollte nicht erscheinen. Die Geistlichen berieten sich, schlugen in dicken Büchern nach und murmelten allerlei bekannte und unbekannte Formeln. Nichts geschah.

Sie zeichneten mit Kreide einen Kreis vor dem Altar. „Jungfer Eli, erscheine!" Nichts geschah.

Doch dann, als sie schon beinah aufgeben wollten, zischelte eine Stimme über ihren Köpfen. „He kickt. He kickt!"

Ratlos blickten die Geistlichen einander an. Da sprach einer der Pfarrer: „Ich kann es mir nur so erklären: Es muss jemand in der Kirche verborgen sein, der lauscht."

Sie stellten die ganze Abtei auf den Kopf und entdeckten schließlich einen kleinen Jungen, der sich aus Neugierde in einem der Beichtstühle versteckt hatte. Sobald der Junge hinausgejagt war, begannen die Kerzen zu flackern, es wurde kalt, und die Jungfer Eli erschien, auf dem Kopfe wieder das grüne Hütchen.

„Unglückseliges Gespenst, hinfort mit dir!"

Zur Antwort bekamen sie ein furchtbares Geschrei. Die Jungfer Eli drehte sich in dem markierten Kreis.

„Hinfort! Auf dass du ab jetzt dein Unwesen in der Davert treibst und endlich Frieden einkehre!"

Die Davert ist ein dichtes Waldgebiet südlich von Münster. Dorthin werden alle Geister und Spukgestalten des Münsterlandes verbannt. Noch heute warnen Eltern ihre Kinder vor der Davert und selbst für stattliche Kerle ist es gefährlich, sich nach Einbruch der Dämmerung dort aufzuhalten.

Ein eisiger Windhauch ließ die Kerzen verlöschen. Noch einmal heulte die Jungfer Eli auf, ein schrecklicher Klagelaut, der selbst dem tapfersten Pfarrer Gänsehaut über den Rücken laufen ließ.

Aber dann verblasste die Gestalt mehr und mehr, das Geheul wurde leiser, und alsbald kehrte endlich Ruhe ein.

Nur noch einmal im Jahr kommt nun die Jungfer Eli nach Freckenhorst. Schreiend und fluchend saust sie über die Abtei, wirft Schornsteine herunter und zerschlägt Fensterscheiben, und man sagt, alle vier Hochzeiten kommt sie einen Hahnentritt näher.

Ortsregister

Literatur

Achterfeld, J., Herdfeuergeschichten, Stadtsparkasse Emsdetten, o.J.

Ausschuss des Vereins für rheinische und westfälische Volkskunde, Ortsgruppe Dortmund, Sagen aus Westfalen, Gütersloh 1909

Bahlmann, P., Münsterländische Märchen, Sagen, Lieder und Gebräuche, Münster 1898

Bahlmann, P., Westfälischer Sagenkranz, Münster 1897

Grimm, J. und W., Deutsche Sagen, Berlin, 3. Auflage 1891, (Nachdruck Darmstadt 1976)

Heimatkalender 1925 und 1926 für Kreis und Stadt Hamm, Unna, Kamen

Hollweg, A., Die Heimat in der Sage, Stadtsparkasse Rheine, 1978

Kurcharski, H./ **Waldmann**, F., Das alte Münsterland in heimatlichen Sagen, Sitten und Gebräuchen, Senden 1995

Koormann, R., Sagensafari nach Büscher, Hermann, Bramgausagen, Bocholt 1930

Paul, Th., Sagen aus der westfälischen Heimat, Münster 1983, Reprint der 1. Auflage 1923 unter dem Titel: Wilde Blumen aus der westfälischen Heimat

Rölleke, H., Westfälische Sagen, Düsseldorf 1981

Sauermann, D., Sagenhafte Stätten, Münster 1998

Schmidt-V., R./ **Schmidt**, G.-A., Sagen und Geschichten aus Nordrhein-Westfalen, Frankfurt 1994

Westfälischer Sagenschatz, Hunstetten/Taunus 1979

Die Sagenreihe aus dem Prolibris Verlag

Bisher erschienen:

Burckhard Garbe
**Die schönsten Sagen
Region Kassel**
ISBN 3-935263-08-2

Burckhard Garbe
**Die schönsten Sagen
zwischen Harz und Weser**
ISBN 3-935263-10-4

Anke Cibach
**Die schönsten Sagen
Region Hamburg und Niederelbe**
ISBN 3-935263-11-2

Nessa Altura
**Die schönsten Sagen
Region Nürnberg und Mittelfranken**
ISBN 3-935263-13-9

www.prolibris-verlag.de